DANIELA MARIA AUGELLO
E ANTONELLA SPANÒ

LABIRINTOS *Familiares*

O DESAFIO DE ESTAR JUNTO

EDITORA
AVE-MARIA

ISBN: 978-88-311-0742-6

Rua Martim Francisco, 636 – 01226-000 – São Paulo, SP – Brasil
Tel.: (11) 3823-1060 • Fax: (11) 3660-7959
Televendas: 0800 7730 456
editorial@avemaria.com.br • comercial@avemaria.com.br
www.avemaria.com.br

ISBN: 978-85-276-1506-8

Título original: *Labirinti Familiari: la sfida di stare insieme.*
Tradução: José Joaquim Sobral

1. ed. - 2014

Dados Internacionais de Catalogação na Publicação (CIP)
Angélica Ilacqua CRB-8/7057

Augello, Daniela Maria
Labirintos familiares : o desafio de estar juntos / Daniela Maria Augello, Antonella Spanò; tradução de José Joaquim Sobral. São Paulo: Editora Ave-Maria, 2014. 80 p.

ISBN: 978-85-276-1506-8
Título original: *Labirinte familiari: lasfida di stare insieme*

1. Família – convivência 2. Família - Aspectos psicológicos
I. Título

14-0309 CDD 158.24

Índice para catálogo sistemático:
1. Relações famíliares

Diretor Geral: Marcos Antônio Mendes, CMF
Diretor Editorial: Luís Erlin Gomes Gordo, CMF
Gerente Editorial: Valdeci Toledo
Editora Assistente: Carol Rodrigues
Preparação e Revisão: Danielle Mendes Sales e Ligia Terezinha Pezzuto
Projeto Gráfico e Diagramação: Ponto Inicial Estúdio Gráfico
Produção Gráfica: Carlos Eduardo P. de Sousa
Impressão e acabamento: Gráfica Ave-Maria

CLARET
PUBLISHING GROUP

A Editora Ave-Maria faz parte do Grupo de Editores Claretianos (Claret Publishing Group).
Bangalore • Barcelona • Buenos Aires • Chennai • Macau • Madri • Manila • São Paulo

Sumário

1
QUEM ESCUTA O SOFRIMENTO DA FAMÍLIA?

Diários de família

"Todas as artes contribuem para a arte maior de todas: a arte de viver."
(Bertold Brecht)

Chegar ao mundo é uma experiência complicada. Existe quem, num certo ponto, imagina a nossa presença e, desejando-nos, nos convida para o mundo: quem, levando-nos em seu seio, por nove longos meses cuida de nós e nos ajuda a nascer.

Uma vez nascidos, precisamos enfrentar a experiência do viver, mas afortunadamente não estamos sozinhos porque nascemos dentro de um berço que nos protege: a nossa família.

É dentro da família que aprendemos a ser Elisa, José, André, Valentina, Margarida. Junto dos nossos pais, irmãos, avós e tios nos "ajudamos" na difícil arte do viver.

A família é uma rede de proteção, uma âncora, um colete salva-vidas. É por esse motivo que quando alguma coisa, nessa rede, não funciona ou segue de maneira não correta nos interrogamos, nos desesperamos, nos angustiamos e esperamos que aquilo que não funciona se ajuste e que o berço volte a balançar.

Então nós buscamos alguém que possa nos ajudar, que nos force a ficar em forma e aguardamos que tudo volte a ser como era antes ou que fique ainda melhor.

É nesse estado de expectativa que um dia uma família, como delas poderá haver tantas, começa a escrever um diário.

5 de setembro

Caro Diário,

eu me chamo Donatella e sou uma menina de 8 anos. Tenho uma mamãe que se chama Alexandra e que tem 37 anos, um papai que se chama Mário e que tem 39 anos, e um irmão. Meu irmão é mais velho que eu, tem 14 anos, chama-se Tiaguinho, mas ele quer que o chamem de Gerry porque diz que assim é mais bonito.

Hoje fui à escola, fiz as tarefas, comi e fui lá embaixo, no pátio, para brincar com minha bicicleta e com meus amigos.

Papai é muito doce, me deu de presente uma flor de cor violeta, a minha cor preferida! Eu coloquei a flor entre os cabelos e depois não sei onde ela foi parar, porque depois de um pouco não estava mais lá; então pedi à mamãe para procurá-la e ela pegou uma flor de seu ramalhete e a fixou na minha cabeça com um grampo.

Caro Diário, eu rezo para que eles não discutam mais.

Boa noite, a sua Donatella de 8 anos.

5 de setembro

Hoje eu estava verdadeiramente furioso. Não conseguia mais ficar em casa com ele. Depois de uma jornada de trabalho, qualquer pessoa gostaria de ficar tranquila em casa!

Para espairecer ou encontrar algum conforto, subi lá no alto da colina para me encontrar com Marcos. Pensava poder encontrar alívio, porque, sendo ele homem, poderia me entender, mas, em vez disso...

Disse-lhe que não aguento mais a minha mulher e que quero me separar. Certamente, entendo que ele é um irmão e não pode tolerar uma separação, mas todo aquele discurso me deixou transtornado.

Ele pegou um pouco de barro e com ela modelou um boneco, depois agarrou um facão e me disse para fazer de conta que aquilo era meu filho e que eu tinha de dividi-lo pela metade.

Olhei para o meu irmão pensando que estivesse louco. Será possível que não imagine que também eu conheço a história do julgamento de Salomão? Mas não, ele insistia: "Imagine que isto seja o seu filho Tiago. Corte-o pela metade". A ideia de fazer aquele gesto simbólico deixou minha pele arrepiada, mas estava por demais curioso para ver aonde queria chegar. Cortei-o pela metade, duas partes exatas. Olhei para Marcos com ar interrogativo, mas ele parecia tão sereno e tranquilo enquanto me dizia: "Agora você não pensaria que numa parte está você e que na outra parte está sua mulher? Não, meu caro, em cada metade deste menino, ou seja, deste boneco, estão contemporaneamente você e sua mulher. Não se pode separá-las... E, agora, corta de novo!". Eu suava frio. Aquele gesto inocente e as palavras do irmão que continuava a dizer-me que em todo pedacinho estávamos tanto eu quanto minha mulher me deixava agoniado.

Depois também me disse que o Espírito Santo, que é o amor do Pai eterno pelo Filho e do Filho pelo Pai, não se pode dividir e, se também nós pudéssemos fazê-lo, em cada centelha de Espírito encontraríamos tanto o amor do Pai quanto o amor do Filho. Neste ponto eu me confundi ainda mais e lhe gritei que não entendia o que é que tinha a ver o Espírito Santo comigo e com minha mulher, e ele disse: "O homem não é feito à imagem de Deus?". Depois colocou em minha mão um maço de flores do campo e me disse para levá-las à minha mulher e fingir que eu as tinha colhido para ela.

Retornei para casa quase contente por voltar a encontrar o familiar caos, e não esta confusão que me colocou na cabeça aquele extravagante irmão.

Dei as flores à minha mulher, mas me senti estranho ao fazer aquele gesto, quase como se me envergonhasse. Nem mesmo olhei para ela enquanto lhe entregava as flores. Ela as recebeu e as arrumou em um vaso. Devo dizer que toda a tarde foi um pouco mais tolerante. Como tinha razão aquele grandíssimo irmão!

P.S:. Ajudei Gerry a fazer as tarefas, como é inteligente este garoto!

5 de setembro

Hoje meu marido voltou para casa mais sujo que o costumeiro (sabe-se lá o que aconteceu no trabalho dele!) e, quando não encontrou água na geladeira, fez um escarcéu.

Gritei-lhe que não sou a sua escrava e ele saiu batendo a porta da casa. Voltou lá pela hora do jantar trazendo na mão um maço de flores do campo. Fiquei estupefata: peguei-as sem nem mesmo olhar para ele, pois tinha medo de enternecer-me. Francamente preferia manter o clima de luta; cada vez que me deixo convencer a fazer as pazes com ele, ficamos bem por dois ou três dias e depois estamos a ponto de nos pegar de novo: ele manda e eu preciso obedecer. "Farei tudo como sempre", pensei comigo mesma: a ceia, o filme no sofá... Não me deixei enternecer.

Durante a noite ele ficou silencioso, mas de vez em quando percebia que ele estava me olhando e ele logo desviava logo o olhar.

Portanto, já decidi: se ele não mudar, vou consultar um advogado. As crianças vêm comigo para a casa de minha mãe, pois a casa dela é grande... E ele que faça também o que bem entender!

Gerry não comeu quase nada no jantar, pareceu-me pensativo, talvez por algo que tenha acontecido na escola, mas não quis perguntar nada. Depois meu marido perguntou a ele sobre as tarefas de casa e se as tinha terminado, e eu pensei: "Ó, não! Agora começam as costumeiras perguntas: 'Por que você não fez as tarefas?'. E a seguir as brigas e os gritos de sempre".

Gerry é um garoto sensível e seu pai o aterroriza sempre. Mas meu marido deve ter ido "confessar-se", porque, quando meu filho disse que não tinha feito os exercícios de matemática porque não havia entendido, ele se ofereceu para ajudá-lo. Permaneceram na cozinha todo o tempo que passei vendo um filme. Coçava a orelha quando ouvia meu marido levantar a voz, mas evitei intervir e depois de pouco tempo tudo se tornou tranquilo.

Donatella adormeceu logo. É tão pequenina e terna... Brincou toda a tarde com a bicicleta e depois do jantar adormeceu.

Espero que amanhã seja um dia tranquilo.

5 de setembro

Hoje foi tudo bem na escola: a professora brigou comigo como sempre e os meus colegas riram enquanto eu fazia caretas para eles, no momento em que ela virava as costas para mim. Vanessa me olhou fascinada. Eu sou grande mesmo!

Papai me ajudou a fazer as tarefas. Foi difícil como sempre, mas hoje ele trouxe flores para minha mãe e assim eu escapei da discussão... Tinha medo de que, se começasse a discutir com papai, mamãe viesse a discutir com ele.

Não suporto quando eles agem assim!!!

Geralmente, no fim, tenho que admitir que ele sabe do que fala. Amanhã deixarei-me interrogar e escolherei onde colocar meu voto.

14 de setembro

Caro Diário,

hoje estamos indo ao parque para fazer um piquenique. Mamãe preparou frango frito e eu sujei toda a minha roupa.

Gerry me fez brincar de ponte tibetana, que é um brinquedo pavoroso, mas ele me disse que eu podia brincar nela e consegui, e depois fiz isso sozinha várias vezes.

Papai me ensinou a subir nas árvores e depois a descer, deixando-me cair no vazio, mas ele me pegava sempre. O meu papai é fortíssimo!!!

Agora devo ir, pois mamãe está me chamando para tomar banho. Tchau!

14 de setembro

Hoje nós fomos ao parque e foi um dia tranquilo...

Minha mulher esteve alegre e também eu me permiti relaxar.

14 de setembro

Esta manhã acordei com enjoo. Domingo significa um dia inteiro que tenho de passar com meu marido, que, como sempre, logo cedo começa a dizer-me frases como "Faça isto, faça aquilo, você está maluca?".

Tínhamos programado fazer um piquenique e, portanto, me levantei cedo para preparar tudo. Tive o cuidado de pensar em tudo para ter certeza de que não teria de discutir com ele.

Preparei várias comidinhas deliciosas. Adoro cozinhar e, sobretudo, preparar pratos que sejam também belos.

Meu marido e meus filhos foram brincar e eu permaneci embaixo de uma árvore para descansar um pouco. Ouvia Donatella gritar alegre e os seus gritos me davam serenidade.

Depois de um tempo, meu marido veio sentar-se perto de mim. Estava contente. Gosta de estar na natureza. Enquanto curtia o descanso, apoiado na árvore, dirigiu-se a mim e disse: "Ouça Donatella! Ri exatamente como você". Essa frase me deixou sem fôlego. Não sei por quê, eu me senti... acalorada.

Voltamos para casa muito tarde, mas eu me sentia satisfeita.

Um dia tranquilo, depois de tanto tempo, precisávamos disso!

14 de setembro

Hoje teremos parque e passeio em família. Felizmente não encontrei os meus amigos. Na minha idade, tenho vergonha de ainda fazer passeios com a família!... Donatella aprendeu a subir na ponte tibetana, uma passarela de cordas estendida entre uma árvore e outra.

Apesar de ser menina, ela teve coragem.

Mamãe e papai não discutiram e me deixaram em paz por um dia.

Vanessa me mandou uma mensagem: "td ok?". Não respondi. Quero fazer ela penar um pouco.

20 de outubro

Hoje voltei do trabalho mais cedo e, enquanto entrava em casa, vi de longe meu filho. Vestia uma blusa de lã com listras brancas e vermelhas e calças jeans. Naquele momento tive como que um flash*: eu me recordei de quando ele era pequenino, teria uns dois anos ou pouco mais. Eu o levava de carro e ele tinha já então uma blusinha de lã com listras brancas e vermelhas. Tiaguinho queria ficar de pé no assento dianteiro.*

Recordo tê-lo censurado e energicamente tê-lo feito sentar-se com força, mas ele nem ligou. Rebelou-se até que conseguiu me cansar. Cedi e ele teve a vitória. O seu olhar satisfeito, eu o recordo ainda agora. No fundo sempre me agradou que se revoltasse contra mim. Eu nunca o consegui com meu pai. Vê-lo com aquele cigarrinho na mão foi uma fulguração, eu não esperava. Para mim é ainda pequenino, com aquela blusinha de lã, de pé no assento e com o seu rostinho feliz. Mas evidentemente cresceu. Como, então, não creio que serei capaz de impor-lhe alguma coisa. Agrada-me também vê-lo opor-se a mim. Talvez tenha razão o psicólogo: precisarei deixar de me comparar ao meu pai.

20 de outubro

Hoje aconteceu uma coisa inacreditável. O meu pai deve ter enlouquecido. Veio ao meu quarto e me trouxe um maço de cigarros e um isqueiro.

"Por quê?", eu perguntei. E ele: "Eu comecei mais ou menos na sua idade".

A ideia de ser como meu pai não me agrada absolutamente em nada.

10 de novembro

Hoje, na escola, tudo foi mal. Os meus amigos tinham vontade de brincar, mas eu não me sentia absolutamente com vontade de fazer gracinhas. Deixei-me arrastar pelas más companhias e deveria ter sabido que terminaria mal.. E não é que fui pego. O professor de ginástica nos surpreendeu enquanto roubávamos bebidas da máquina fornecedora que está no corredor.

Os outros trataram de se entregar à fuga, ao passo que eu, como um cretino, deixei-me pegar.

Uma outra nota ruim verdadeiramente não ia me ajudar em nada. O professor me disse para segui-lo e me levou à diretoria. "Estou arruinado", pensei, e em vez disso ele falou à diretora que eu agora seria responsável pela administração das máquinas fornecedoras de bebidas e lanches. Serei então o encarregado da retirada das moedas da máquina, do reabastecimento e dos tipos de alimentos e bebidas a serem inseridos nelas. Propôs à diretora a minha candidatura dizendo que eu era o melhor e que eu mesmo havia me candidatado para demonstrar que estou mudado. E aquilo eu aceitei!

Encaixaram-me!

21 de novembro

Hoje é dia de lavar roupa! Meias, roupas pretas, brancas, vermelhas. A loucura costumeira. Antes de colocar na máquina de lavar os lençóis e roupas íntimas, nós as verificamos cuidadosamente. Os bolsos estão sempre cheios de moedas, lenços, grampos para os cabelos. As camisas têm necessidade de mais sabão no colarinho. Tenho um olfato muito aguçado, como todas as mulheres, e tenho sempre medo de sentir odores incomuns nas camisas do meu marido, mas hoje são as camisetas do meu filho que me atraíram a atenção.

Tinham cheiro de cigarro!

Quem teria pensado nisso? Mas que...

Não quis perguntar-lhe nada e não disse nada nem mesmo ao meu marido, porque temia uma reação muito violenta de Mário para com Gerry. Como diz o psicólogo: preciso deixar de procurar defender meu filho do seu pai. É filho dele! Esta tarde chamo Mário para conversar e conto para ele.

12 de dezembro

Estou amargurada, triste. Passei toda a tarde na cama chorando. Ainda bem que minha mãe se encarregou das crianças até o anoitecer. Não teria tido forçsa para me ocupar de alguma coisa nem para fingir nada.

Hoje fui ao cabeleireiro, o que tenho feito bastante! Preparei um belo jantarzinho, pedi à minha mãe que se ocupasse das crianças, porque eu queria ficar um pouco com meu marido. É o meu aniversário e esperava, visto que as coisas estavam andando melhor ultimamente, tornar este dia especial.

E ele o que faz? Telefona-me às duas horas, no momento em que devia estar em casa para almoçar, para dizer-me que tem um contratempo e que voltará ao entardecer para o jantar. Nem um cumprimento, nada de nada! Eu sei muito bem como se chama o contratempo: Ornella, aquela descarada que gira ao redor dele como uma tola.

Chamei Loredana e ela, dulcíssima, veio logo. Somos amigas de uma vida inteira. Contei-lhe o que havia acontecido e ela me consolou. Eu lhe disse que esta era a gota que estava faltando para fazer transbordar o copo. No fundo, sou jovem e posso refazer minha vida.

Loredana me perguntou: "Mas o que você esperava?". Como assim "o que você esperava"? Mas não é evidente? Gostaria que ele cuidasse de mim.

Loredana não tem papas na língua, e no bem e no mal me diz sempre aquilo que pensa. Perguntou-me o que teria eu feito se o aniversário tivesse sido o do meu marido.

Respondi que certamente teria preparado uma festa de aniversário, comprado um presente, feito um bolo.

"Estou cansada de ouvir dizer que a culpa é do seu marido, que ele não faz isto ou aquilo. Se você se separasse do Mário, no próximo aniversário, a quem você atribuiria a culpa? Aos seus filhos? Se você sabe o que fazer para o aniversário de seu marido, então por que não se ocupa você mesma de seu aniversário?"

A resposta da minha amiga me iluminou, pois não havia pensado nisso. Sou eu que devo organizar a minha vida. Portanto, tratei de me arrumar e saí para buscar as crianças. No fundo, é sempre o meu aniversário e Loredana também tinha razão: devo cuidar daquilo que me interessa e não esperar que os outros o façam para mim.

12 de dezembro

Hoje foi o aniversário de minha mulher. Ainda bem que minha sogra sempre se lembra de me recordar essa data...

Minha sogra ligou para mim no trabalho. Disse-me que viu Alexandra um tanto desanimada e que seria uma bela ideia organizar para ela uma festa-surpresa. Pareceu-me mesmo uma ótima ideia e assim liguei para Alexandra a fim de dizer-lhe que não iria almoçar em casa e que o faria mais tarde.

Alexandra pareceu-me contrariada, mas eu estava certo de que depois de algumas horas tudo teria voltado ao seu lugar porque ela teria compreendido o motivo do meu atraso.

Foi uma tarefa insana, mas no fim, entre balõezinhos, bandeirinhas e flores, fizemos na realidade um bom trabalho. As crianças se superaram de milhares de maneiras.

Alexandra deveria ir, ao entardecer, até a casa de minha sogra para pegar as crianças. Estava tudo pronto: o bolo, os presentes. E ela demorava. Ficamos preocupados porque ela é sempre pontual. Liguei para o celular dela, mas ela não respondia. Fiquei pensativo porque de repente surgiu um flash *em minha mente de que talvez ela tivesse pensado que eu havia esquecido do seu aniversário (algo não muito distante da realidade...). Já receava as discussões e as brigas, mas, felizmente, embora com muito atraso, ela chegou.*

Assim que entrou na casa e viu todos nós a aguardá-la, desatou em lágrimas.

A noitada foi verdadeiramente agradável e Alexandra estava bela como não a recordava fazia tempo. Donatella cantou parabéns e naquele ponto todos nos comovemos. Aquela vozinha de criança foi um alívio e uma conquista para todos.

12 de dezembro

Caro Diário,

hoje é o aniversário da minha mamãe. Desagrada-me, mas não posso escrever muito, porque tenho muitas coisas para preparar: faixas de feliz aniversário, determinar os lugares na mesa. Estamos organizando uma festa-surpresa!

Depois lhe conto.

12 de dezembro

Hoje é aniversário de mamãe, festa-surpresa, parentes, um tédio mortal.

Porém Donatella recomeçou a falar!!!

Grande Donatella!!!

29 de dezembro

Hoje fomos ao psicólogo.Estamos fazendo terapia há vários meses. Se me recordo bem, desde setembro. Tínhamos ido pedir uma consulta porque minha filha Donatella se recusava a falar. Pensávamos que o psicólogo poderia ajudar Donatella, fazendo sessões com ela, mas, em vez disso, ele chamou toda a família e nos pediu que escrevêssemos diários. Ficamos abismados. Tínhamos ido lá por causa da menina e ele pede a todos para escrever diários e fazer terapia familiar.

Tanto eu quanto meu marido estávamos verdadeiramente relutantes, mas, para ajudar Donatella, aceitamos a proposta. Assim, começamos a escrever estas páginas de diário, que depois deveríamos entregar ao psicólogo.

Agora, muitos meses depois, começo a entender que Donatella "manifestava um sintoma que dava voz à família" – assim se exprimiu o psicólogo. "Recusando-se a falar, ela narrava o desarranjo de toda a família." Estas palavras não poderei desdizer. Donatella dava voz à família!

Graças a esse "presente" de Donatella com meu marido tínhamos percebido que as coisas não estavam andando bem entre nós e empregamos os nossos recursos para encaminhá-las melhor. Fazia anos que não me dava flores. Daquele momento em diante entendemos que o nosso casamento ainda podia funcionar... Donatella voltou a falar porque não havia mais nenhum sintoma ao qual dar voz: a nossa família foi salva. E, como todas as famílias saudáveis, ela atravessa momentos de trevas, alegres ou tempestuosos. Será um verdadeiro desafio permanecer juntos, mas esta é uma batalha na qual quero combater.

Querida e doce Donatella, quanto amor você nos dá!

Francamente não acreditava que a terapia teria funcionado, ainda mais porque em Donatella não havia sombra de melhora, mas, em vez disso...

Roupas sujas: quem as lava?

É difícil pensar em pedir ajuda quando erramos. A roupa suja, sabe-se muito bem, lava-se em casa, dentro da família, e, às vezes, pede-se a uma outra pessoa para tirar as manchas da roupa suja. Uma família ou um casal que precisou pedir assistência a uma outra pessoa chegou a um ponto em que não controla mais o sofrimento. É o desespero, muito frequentemente, que permite encontrar a coragem de se confiar a um amigo, um padre, um psicólogo, um mestre, um operador, na esperança de que possam nos dar uma solução, possivelmente imediata.

Quem recebe o pedido de ajuda em geral encontra-se em uma situação difícil porque, com frequência, o pedido é o de receber uma receita, uma solução que possa mudar a situação. Nesse ponto, o operador ou o confidente pode sentir-se onipotente ("posso ajudá-lo") ou esmagado pelo pedido ("é impossível encontrar uma solução"). Na realidade, pode-se intervir no pedido de ajuda analisando o pedido recebido.

Os diários da família que conhecemos há pouco narraram a história de um casal que, mesmo prestes a dividir-se, não dá sinais de pedir ajuda senão quando a filha menor manifesta um grave incômodo: deixa de falar. Para ajudar a pequena, eles procuram um psicólogo na esperança de que possa resolver o problema da filha, mas este coloca em terapia toda a família. Por quê?

Pedir ajuda ao outro, que pode ser o cônjuge, o filho ou o irmão, é um modo mais simples para evitar falar de si e não se colocar dentro do problema.

A dificuldade, no caso desta família, era representada pela filha que não falava, mas, lendo as páginas dos diários, tivemos a percepção de que o núcleo familiar inteiro manifesta problemas e que Donatella era só a ponta do *iceberg*. Com frequência são exatamente as crianças, pela sua inata sensibilidade, que procuram, inconscientemente, uma solução para o problema. O conflito conjugal é colocado em segundo plano e o casal busca fazer o que for possível para salvaguardar o interesse do familiar, o que, no caso dessa família, foi dirigir-se a um especialista. Os adultos são orgulhosos e não aceitam poder falar de si mesmos, mas, quando se trata dos filhos, a motivação se faz notar.

Qualquer que seja o percurso que uma família empreende para receber ajuda, o operador desta ajuda deve estar aberto a cuidar e a ouvir e sempre partir de um pressuposto: é preciso muita coragem para se expor ao risco de narrar sua própria história a um estranho, mostrando o próprio insucesso.

A constatação e a valorização deste primeiro e indispensável recurso, aquele de pedir ajuda, permitirá a todo o sistema familiar empenhar-se no esforço de renovar-se, a fim de projetar-se para um futuro no qual não seja necessário qualquer sintoma para estar juntos.

Quando emerge um sintoma na família, isso representa uma comunicação para todos os efeitos, um papel de tornassol, e desenvolve-se uma tarefa importante: facilitar a busca de ajuda.

Tarefa daquele que irá ajudar será aquela de permitir a cada um estar consciente da própria parte de ação, para abandonar a ideia de que o bem-estar pessoal depende exclusivamente da mudança do outro. Se meu marido me obriga a renunciar ao trabalho, eu "coloco em ato" a renúncia. Se minha mulher me pede que eu não faça um estágio de seis meses nos Estados Unidos, eu "consinto". Restituir a ação, a responsabilidade daquilo que se faz ou não se faz, permite que a energia retorne para os atores do conflito e os faça interrogar-se sobre o que podem fazer para mudar a situação. Se eu não permito ao outro impor-me à sua vontade, poderei estar consciente da minha necessidade e chegar a um entendimento com a necessidade expressa pelo outro.

A família, em vez disso, frequentemente se transforma na fábrica dos sonhos perdidos: "Se não fosse por causa de você, agora eu seria um grande homem de negócios, um político, um ator, viajaria e seria feliz". "Renunciei a um trabalho para cuidar dos seus filhos." A tentação de atribuir ao outro a responsabilidade por nossas próprias falhas é fortíssima. Evidentemente, a vida de casal comporta sacrifícios recíprocos. Enquanto estamos enamorados, tudo é mais ligeiro; mas, quando a cotidianidade restitui a imagem real do outro, torna-se pesado enfrentar as renúncias. A quem atribuir a culpa dos sonhos não realizados?

A quem Alexandra, protagonista da nossa história, atribui a culpa pelo aniversário que estava prestes a fracassar? Naturalmente ao marido, mas a amiga chama a atenção dela para o fato de que, deixado o aniversário nas mãos do esposo, é possível que não houvesse ninguém lá para festejá-lo. Naquele ponto, a culpa teria sido de outros, dos filhos, dos pais. A história, provavelmente, teria se repetido.

Às vezes nos separamos sem ter o mínimo conhecimento das nossas próprias necessidades. "Deixo você porque você não fez isto ou aquilo."

Mas e eu? Onde estou? Tenho uma ideia clara daquilo que quero ou sei só aquilo que não quero? Se me separo sem me haver individualizado, sem ter consciência de quem sou e de quais são as minhas necessidades e de como realizá-las, não serei capaz de instaurar uma relação diversa. Voltarei a casar-me e encontrarei no outro os mesmos defeitos que me fizeram decidir separar-me pela primeira vez. O operador da ajuda, o confidente, poderá, nesse ponto, permitir ao próprio interlocutor tornar-se consciente de suas próprias necessidades. Se o desejo do nosso paciente ou amigo é ser festejado, convidamo-lo a organizar sua própria festa de aniversário, a chamar o marido, a mulher, o companheiro, os filhos, os amigos. Conhecendo a necessidade, podemos conscientizar-nos da ação que nós mesmos podemos realizar. Ajudemos o outro a tomar aquilo que lhe serve, compreendida a própria parte de responsabilidade na falha da realização dos próprios desejos.

Outro pedido que os operadores da ajuda ouvem ser feito pelas famílias é aquele de se tornar o que não são, de ser uma família como as que reevocam certas publicidades: com uma bela casa, belas roupas e todos à mesa sorridentes e felizes por estar juntos. Pensar que existe uma família perfeita, sem sofrimentos, sem incompreensões, sem dificuldades, é uma visão idealizada e aumenta o risco de insatisfação e desilusão. A verdadeira mudança que podemos sustentar é permitir à família ser consciente dos próprios limites e dos próprios recursos, e olhar-se como se olha para o corpo humano ou para qualquer organismo, com suas especificidades, mas na sua unicidade.

Dar forças à família em um momento trágico não é algo simples. Existe o sofrimento dos adultos e o dos mais jovens. No entanto, partamos do pressuposto de que não se pode deixar de sofrer. Todo evento trágico ou doloroso, quaisquer crises que dele se determinem, devem ser acolhidas e enfrentadas. A negação da triste realidade serviria só para adiar o confronto com a dor.

Apoiemos a família, permitindo-lhe observar que também no conflito existe algo de positivo. Observemo-la como se fosse um quadro. Em primeiro plano estarão as hostilidades, os defeitos e as acusações recíprocas, ao passo que no fundo se entreveem os pontos de força, os recursos, as energias. Focar a atenção sobre as coisas positivas que poderiam estar acontecendo, ou então nos aspectos criativos que podem ser observados no conflito ou na dor, permitirá à família um objetivo constituído pelo desejo de crescer, de melhorar, de contribuir para a realização de um projeto melhor.

Desse ponto de vista, devemos olhar também para as mudanças que a família atravessou, no decorrer do tempo, imaginando que nelas haja um invisível, mas presente, fio condutor.

2
CASAL E FAMÍLIA ENTRE PASSADO E FUTURO

Retratos em branco e preto: a família de ontem

"Olhe o que encontrei no meio de um livro! Um velho retrato da família do meu pai. É estupendo! Deveríamos colocá-lo em uma moldura", diz Alexandra olhando para a foto desbotada dos avós.

Mário enche-se de curiosidade e se aproxima. Olhando o retrato e comenta: "Que pecado, está um pouco amarrotada. Mas é bonita. Veja como são sérios".

Alexandra, sorrindo, acrescenta: "É como se quisessem fixar na foto a solenidade do momento. Certamente, naquele tempo, não se tiravam tantas fotos como agora!".

"Estes no centro, quem são?", pergunta Mário, curioso.

"No centro, esses sentados, são os avós; à direita, minha tia Sara; e no braço tem meu pai, que era pequenino. Aqui à esquerda o tio Jacinto com calças curtas e aqui, sentada no chão, minha tia Flávia. No braço da vovó está tia Angelina, lembra-se dela? Deixou-nos faz alguns anos. Era a mais pequenina de todos os filhos." Alexandra indica com o dedo cada personagem.

"Como era afeiçoada aos avós! Cinquenta anos ou mais de matrimônio! Quem ainda chega a tantos anos de casamento?!"

Alexandra encontra uma velha foto que lhe recorda bons tempos passados. Também nos nossos velhos álbuns de família existirá certamente um retrato: de cor sépia, um pouco amarrotado, talvez remendado com fita adesiva. Os sujeitos, com olhar às vezes empertigado, que fixam a solenidade daquela foto de família são os nossos bisavós ou avós ou, para os mais idosos, os pais.

Os chefes da família no centro, talvez sentados, e os outros componentes do núcleo familiar se arrumam em torno segundo a altura. Provavelmente vestem as melhores roupas que tinham.

Talvez pelo efeito das cores indefinidas, das poses inflexíveis, ou pelo número dos componentes, mas, ao olhar um velho retrato de família, experimenta-se quase uma sujeição diante daquela estabilidade e daquela ordem.

Os velhos retratos são um instantâneo indicador das famílias de ontem, tão diversas em relação às realidades com as quais hoje nos confrontamos. Mesmo considerando as diferenças, determinadas por territórios de proveniência e de cultura, a família patriarcal foi uma realidade que caracterizou a sociedade até as décadas de 1940 ou 1950.

Se nos limitamos a fazer uma reflexão sobre a família de ontem a partir de duas simples variáveis, o espaço e o tempo, veremos, no confronto com a organização familiar de hoje, que existe uma enorme diferença entre a família de ontem e a de hoje. A casa e os horários eram escandidos ao ritmo dos ritos familiares, como, por exemplo, fazer as refeições juntos. Também quando se constituía um novo núcleo familiar, isso "dependia" das famílias de origem. Os espaços e os tempos em comum eram muito mais comuns, e não só por exigências econômicas, mas também pelo modo como eram percebidos culturalmente aqueles tempos e aqueles espaços.

Os papéis eram definidos e claros: o homem trabalhava, a mulher se ocupava da casa e ali transcorria toda a sua jornada. Nas famílias, mais numerosas, todos estavam habituados, ou talvez devêssemos dizer "constrangidos", ao compartilhamento, porque o nível "fraterno" era uma realidade mais exigente. O destaque dos genitores era mantido pelo papel educativo, papel que efetivamente era assumido igualmente pelos "avós", que tinham voz também na reunião das famílias adquiridas pelos filhos. E assim se obedecia ao olhar, porque não era necessário compreender as motivações de uma censura e compartilhá-la. Agia-se assim e era suficiente.

Mas qual era o espaço do reconhecimento e da necessidade da individualidade da pessoa? De que coisa se falava?

Acontece a todos fazer referência aos bons tempos passados, descrevendo-os como melhores em relação aos dias de hoje.

Podemos atribuir ao progresso, à emancipação da mulher, às aumentadas possibilidades de mudança e de compartilhamento entre as pessoas, a responsabilidade da mudança da estrutura da família?

"No meu tempo havia mais respeito", "Nos meus tempos...". A nova geração não parece respeitar a geração mais velha. Mas como a chamada "velha" se faz respeitar pela nova? A diferença intergeneracional é uma realidade à qual não chegamos a nos habituar e que gera conflitos. Pensamos que as novas gerações são piores e não conseguimos ver os recursos ingênitos no novo modo de ver e viver a vida.

Devemos pensar que a aquisição dos direitos da mulher ou da melhor qualidade de vida sejam contribuições de uma mudança negativa?

Em *Storia di una capinera*[1], do italiano Giovanni Verga, e em *Romeu e Julieta,* do britânico William Shakespeare, encontramos dois personagens femininos: Maria e Julieta, respectivamente. São o emblema de como, no passado, as jovens mulheres eram constrangidas pelas famílias a empreender uma vida monacal ou como eram constrangidas ao matrimônio "combinado". A decisão dos genitores não era discutível, porque sempre prevalecia o bem da família sobre o bem do indivíduo. A família devia perpetuar-se, portanto o patrimônio não podia ser dispersado. Só os primogênitos, geralmente, contraíam matrimônio, e o objetivo de tal união era aumentar as riquezas da família. O indivíduo não tinha tempo de existir, sobretudo pelo "nós" expresso pela família.

1 História de uma toutinegra, de 1871.

Tanto Maria quanto Julieta manifestam os incômodos de um "eu" que se sente sufocado. Ambas se enamoram, e enquanto a primeira, para não enlouquecer, deixa que o "nós" prevaleça, escolhendo submeter-se ao destino que lhe foi imposto, a segunda tenta opor-se com efeitos nefastos.

O "eu" encontra espaço em um mundo no qual as necessidades aumentam e cresce a capacidade do ambiente de satisfazê-los. Em momentos de carestia, o "eu" cede a passagem ao "nós", porque apenas na generosidade do perder-se no "nós" é possível sobreviver, juntos.

Se a cada dia no almoço nos encontrássemos diante de uma mesa divinamente preparada, como nos comportaríamos? Esta é a realidade de hoje. Não vivemos em um período de privação ou de guerra, situações que levam em si uma escolha obrigatória de viver na essencialidade.

Vivemos no bem-estar. Queremos lamentar-nos? E, no entanto, espontaneamente pensamos em como era belo quando não tínhamos tudo à nossa disposição e havia ainda o espaço para desejá-lo.

Mas a nostalgia desse modelo nos impede de olhar para a beleza do novo.

Pensemos, por exemplo, na família patriarcal de ontem – na qual o pai era o único a trabalhar e o cuidado dos filhos era confiado quase exclusivamente à mãe – e na família de hoje – em que o pai tem um papel ativo no cuidado e no atendimento aos filhos.

Vocês conseguem imaginar seu avô trocando fraldas ou arrumando lençóis da cama?

O sofrimento pode nascer do medo daquilo que acontecerá, da desconfiança nas relações, da desorientação em relação a um modelo social que nos faz sentir frágeis e que não dá certezas. Então voltar com a memória a um modelo mais rígido torna-se mais confortável, porque é mais fácil saber *a priori* como comportar-nos, enquanto é infinitamente mais complicado situarmo-nos no interior de um percurso que propõe vários modelos. É necessário escolher, assumir a responsabilidade das próprias decisões e levá-las adiante com convicção.

A história das nossas famílias é importante e deve ser valorizada e respeitada, mas não pode ser assumida como modelo perfeito ao qual fazer referência, senão arriscamos olhar para a realidade com olhos que já não enxergam bem e, assim, nós a enxergaremos fora de foco e confusa.

A família de hoje: o desafio entre pertença e individualidade

"Você ouviu sobre André e Helena?", pergunta Alexandra a Mário.

"Sabe o que é que aconteceu?"

Alexandra responde à curiosidade do marido: "Parece que André descobriu que Helena teve um caso com o seu melhor amigo".

"Pareciam tão harmonizados. Que golpe deve ter sofrido..."

"Ela disse que é só culpa de André. Descuidou muito dela nos últimos tempos."

"E agora, o que será que vai acontecer?"

"Parece que estão pensando no divórcio..."

Alexandra narra uma história tal qual existem outras tantas, constituídas por traições, cabeçadas, descobertas. É como se em um determinado ponto aquelas pessoas que conhecíamos de certo modo se revelassem muitíssimo diferentes. E o tal *ele* ou a tal *ela* do momento não consegue fazer as pazes: "Mas com quem tenho vivido até hoje? Como fiz para não descobrir nada sobre essa pessoa?".

Através dos meios de comunicação, temos o conhecimento de notícias cujos finais trágicos são sanguinolentos desenvolvimentos de tramas familiares.

Além das modalidades jornalísticas utilizadas, em que a busca da verdade é sacrificada à observação do detalhe mórbido, perguntamo-nos como é possível que tal desfecho tenha acontecido.

As mudanças sociais e culturais dos últimos anos apressaram uma transformação das ligações para maior flexibilidade. Hoje se pode ser companheiros e conviver uns vinte anos ou então se pode ser marido e mulher e viver separados em casa, talvez já ao retornar da viagem de lua de mel. O papel não é garantia de nada. Exige-se, ao contrário, ser respeitados, escutados, ter apoio para a autorrealização.

Nas relações familiares, o papel do apoio perdeu importância. O marido não se torna tal só porque se uniu em matrimônio. Hoje, o marido deve mostrar a própria competência como genitor, como companheiro, como amante. Não existe nenhuma assunção de papel que o defenda. Por isso é suficiente que exista uma falha em um desses âmbitos para que a relação conjugal seja colocada em crise.

O casal, atualmente, se constitui por motivos ligados ao casal em si: a independência econômica feminina permite, mais que no passado, decidir se a mulher vai ter um companheiro ou não e também escolher se não quiser ter parceiro algum. Uma eventual indicação da parte dos próprios genitores sobre a pessoa a desposar seria entendida, hoje, como "coisas da Idade Média". A mulher não escolhe realizar-se apenas por meio do matrimônio e/ou da maternidade: pode tornar-se professora, engenheira ou policial.

Essas infinitas possibilidades que se abriram vão orientando as realidades familiares. Enquanto anos antes, para a maior parte dos casos, eram claras e definidas as estradas que uma mulher podia trilhar, atualmente as oportunidades se multiplicaram.

Retornando aos tempos e aos espaços, hoje a família se estrutura sobre tempos que o casal define com base nos próprios empenhos, e estes nem sempre coincidem. Antes, é necessário fazer um esforço para garantir que o casal se encontre ao menos durante o jantar. O casal passa mais tempo com outras pessoas, com as quais trabalha ou compartilha interesses. Existem os amigos dela e os amigos dele, além dos amigos em comum. É provável que a rede de amigos seja depositária de muito mais informações sobre o casal em relação às famílias de origem do próprio casal. Aceita-se um conselho por um amigo, mas se as famílias de origem exprimem uma opinião, ela pode ser vista como uma interferência inaceitável!

Também as possibilidades de fazer novas amizades aumentaram: o trabalho se desenvolve em espaços compartilhados por homens e por mulheres, e também o trabalho pode mudar de ano para ano, com a consequência de que os contatos aumentam, mudam, se modificam. O trabalho pode levar a outras cidades, requer uma permanente formação, com atividades novas e atualizações contínuas.

Do mesmo modo, o espaço da casa não é mais isolado de seu exterior: a televisão e a internet trouxeram o mundo para dentro do ambiente doméstico. Antes ligávamos para a família Rossi para falar com um "componente" da própria família, hoje cada um pode ser contatado individualmente, mediante vários celulares, e se você tentar espiar o celular da mãe ou do marido é uma violação da privacidade!

Neste programa tão complexo e com tantos matizes, o que significa "estar juntos" e como isso pode se concretizar?

A ligação, de qualquer tipo que seja ela, nos remete impiedosamente a estes nós da nossa existência, em que o ser deve caminhar lado a lado com o *pertencer*.

Afirmar a própria identidade além do papel é muito difícil e nos coloca com mais crueza diante das nossas dificuldades. É preciso que sejamos todos convincentes. E no confronto com o outro somos comumente postos diante de partes de nós que são evocadas de maneira sempre diversa.

Se os reflexos de nós mesmos, que recebemos dos outros, convergissem para fornecer-nos um sentido de unicidade, como as frações do nosso corpo que olhamos através do espelho, virando-nos deste ou daquele lado, seríamos verdadeiramente sólidos. O problema nasce quando, em vez disso, estamos desorientados: arrisco-me a ser uma boa mamãe, uma inteligente mestra, uma atenta amiga, uma parceira presente, uma mulher que se cuida?

Os papéis se multiplicaram e nem sempre dão aquele sentido de base certa que gostaríamos de ter. O homem diante de si mesmo deve ser verdadeiramente muito intrépido. Não é fácil, hoje, conciliar as várias partes de si mesmo, porque são muito diferenciadas e requerem adaptação a vários contextos. É preciso aprender a olhar para si de maneira flexível. Não se pode mais responder à pergunta "quem sou eu?" com facilidade. O papel de trabalhador exige competências e um certo modo de fazer as coisas, o papel de marido requer também muita atenção à relação e às necessidades do casal, o papel de pai requer sentido de responsabilidade, mas também abertura ao confronto e à comunicação.

E, no entanto, somos sempre nós que, com a nossa integridade, nos adaptamos continuamente às várias realidades às quais pertencemos e aos ambientes que frequentamos. Uma personalidade muito rígida ou mais frágil pode ter dificuldades ao fazer essa adaptação porque irá se sentir pressionada por milhares de exigências que o ambiente lhe faz.

Mas, se quisermos, a vicissitude é ainda em certo sentido mais complexa, porque hoje não é "reconhecido" quem chega a adequar-se, mas quem se distingue.

E agora, com todos esses papéis que tenho, e que devo levar em frente com a minha personalidade, devo também ser hábil, porque o confronto com o outro é contínuo. Devo ser mais interessante que aquele colega de minha mulher, que lhe fala tanto dos livros que escreve, devo ser simpático como o pai da companheira da minha filha, devo inventar algo de novo no trabalho, para não arriscar-me a perdê-lo, e devo ir também à academia, porque os amigos me dizem que minha barriga aumentou.

Da tentativa de sustentar contemporaneamente, no interior de uma ligação, tanto a própria unicidade quanto a própria capacidade de diferenciar-se, nasce um rio de sofrimento e corre-se o risco de perder-se.

Caso não se esteja pronto para acolher e aceitar essas pequenas falhas cotidianas que necessariamente surgirão, porque seria impossível o contrário, a crise estará à espreita na esquina.

A crise explodirá na minha cara e me deixará com a terrível pergunta: "quem sou eu verdadeiramente"? E, diante dessa laboração de certezas, o homem pode reagir de maneiras muito variadas.

A liberdade de pensamento e das ligações sociais, a identidade a proteger e afirmar, o poder de encontrar-se diante dos olhos atentos do outro, são recursos da família de hoje, na qual é possível dialogar e confrontar-se, mas onde é requerida muitíssima atenção para manter-lhe sãos os confins e estáveis as relações.

Quando tal atenção diminui e quando se perde a confiança nos recursos do sofrimento, pode-se cair no desconforto e individualizar como única solução a de separar-se.

Os resultados levantados por Istat (Instituto Nacional Italiano de Estatísticas), em 2005, falam de 82.291 separações (30.000 a mais em relação a 1995) e

47.036 divórcios (20.000 a mais em relação a 1995). A "idade média" de um matrimônio que se conclui com um divórcio é de 14 anos; é, portanto, provável que o casal já tenha filhos (Istat, 2005).

Hoje, falar de famílias separadas, de filhos que passam o próprio tempo com um genitor e depois com o outro, e talvez as novas famílias que se reconstituíram, com outros irmãos nascidos das novas uniões, tornou-se quase "normal".

Há também uma pesquisa de opinião na qual a maior parte das separações que hoje se realizam é do tipo consensual (Istat, 2007), bem como em relação ao resto da Europa, a separação, na Itália, é mais frequentemente notada por conflituosidades e recriminações.

Em todo caso, o aumento das separações, exponencial de ano para ano, nos informa que, para "salvar" a própria integridade, o homem de hoje está disposto a sacrificar a relação.

Mas, se olharmos para os atores de uma "cena de separação", compreenderemos que, por trás da extrema facilidade com que talvez se escolhe romper o próprio núcleo familiar, existem dinâmicas muito complexas e muito sofridas.

A separação entre os dois parceiros atinge, como uma onda, o casal enquanto pais, suas famílias de origem, os filhos e a rede social ligada ao núcleo familiar. E os outros personagens também passam pela escolha. tendo voz só parcialmente nesse capítulo.

Em cada caso, trata-se de uma situação que faz sentir-se mal a todos. Sob o ponto de vista do casal, haverá o sofrimento pela perda da ligação, o medo de precisar remodelar a própria vida de maneira diversa, a lacerante separação da cotidianidade dos filhos ou o peso de permanecer em casa e ocupar-se dela sozinho.

Esse processo torna-se ainda mais complexo e origem de sofrimento quando os dois parceiros não compartilham a exigência da separação. Então entram em campo medos e frustações, que podem transformar-se em depressão ou em agressividade. Nesses casos, sem o querer, o casal se centraliza de tal maneira sobre as próprias dificuldades a ponto de arriscar não se aperceber da queda de tais dinâmicas sobre os filhos. Seria aconselhável pedir logo a ajuda de um consulente externo, como um psicoterapeuta da família, que possa tentar conter as dinâmicas no interior das sessões de terapia e possa favorecer maior esclarecimento do casal, conservando a atenção ao papel de genitores.

As pessoas que sofrem com a escolha do parceiro de separar-se, porque entendem que a própria ligação seja "indissolúvel", experimentam um duplo sofrimento: o da falência do matrimônio e o da impossibilidade de estabelecer uma outra relação afetiva. "O estresse que produz, em nível emocional e psíquico, uma separação é quase comparável ao que foi produzido por um luto muito grave [...]; pesado é o impacto que esse acontecimento provoca sobre a psique de um ser humano, sobretudo, se passa por uma experiência deste gênero e não lida bem com o baque" (Cavaleri, 2008, p. 274).

É claro que nesses casos é necessária uma grande força interior para não se dissolver junto com a relação que se arrebenta. A escolha de não reconstruir um novo núcleo familiar, que a aceitação dos princípios de fé comporta, requer da pessoa supervalorizar outros recursos relacionais, como os amigos e a comunidade em geral. A esta última é pedido acolher a pessoa separada, evitando que se encerre na própria embaraçante solidão.

E que dizer do sofrimento dos filhos, que precisam aceitar uma mudança importante na qual os pontos de referência misturaram as cartas na mesa? O afastamento físico, a renúncia, os tempos e os espaços a viver de modo diverso, o ciúme, as dúvidas sobre as próprias responsabilidades, e a pergunta martelante "Agora a quem pertenço?" são só algumas das vicissitudes que podemos apresentar.

"Se à minha família, que parecia intocável, chegou a mudança, quem me garante que isso não acontecerá novamente? Minha mãe e meu pai irão reconstruir sua vida, mas também essa poderá acabar..."

Com o que se pode contar? A única certeza dos filhos de pais separados pode tornar-se: "Eu estou aqui. Mas quão forte sou eu?".

O risco de fazer os filhos sentirem-se encerrados num campo minado é altíssimo. Garantir o sentido de segurança aos próprios filhos, mesmo nessas situações, é indispensável, mas difícil. Conscientizamo-nos de que o casal com filhos, quando se separa, faz uma escolha que implica responsabilidades importantes, tanto quanto aquelas exigências para providenciar o sustento de sua família; no entanto, não podemos ignorar que essa realidade da família está presente na nossa sociedade e nos diz alguma coisa.

Mesmo não podendo ler essa fragmentação como positiva, de qualquer maneira ela é a expressão de necessidades do homem que antes eram ignoradas, como o bem-estar psicológico, a autorrealização e a flexibilidade das ligações.

Certamente a família de hoje tem necessidade de um olhar mais benévolo, e não de ser julgada e denegrida. É necessário entender por que ela pode tornar-se cenário de eventos trágicos. E estaria superada a tentação de afirmar que ontem esse tipo de coisas não acontecia. Junto com as numerosas separações, é desejável olhar para um panorama mais global.

Estamos certos de poder dizer que as famílias de ontem garantiam sempre a integridade da pessoa, que se lhe respeitavam as necessidades emotivas? Por exemplo, a violência sobre as crianças, no passado, era entendida como uma "prática educativa". As crianças não eram consideradas detentoras de direitos. O primeiro organismo a interessar-se pela defesa das crianças contra a violência dos adultos, no início do século XX, foi uma associação animalista! Mary Ellen, uma menina de New York vítima de maus tratos da parte dos seus pais adotivos, foi salva graças ao interesse de uma mulher que ajudava as famílias pobres. Esta última pediu ajuda a Henry Bergh, fundador da Sociedade Americana contra Crueldade Animal, em nome da pertença da criança ao reino animal, visto que as leis para os seres humanos, então em vigor nos Estados Unidos, não permitiam intervir nesses casos.

Hoje, diante de uma parte do mundo que abusa ainda da fragilidade dos pequenos, existe uma outra parte que grita e sustenta a importância da tutela.

O Estado, sustentando que os direitos de uma pessoa são adquiridos já no momento da concepção, pode intervir onde o sistema familiar faliu. Por exemplo, a partir de 1975 os filhos naturais reconhecidos passaram a ter os mesmos direitos dos filhos nascidos em situação *legítima*, enquanto antes um filho nascido em situações extraconjugais era um "problema" da mãe e só. Também o apoio familiar, a adoção a distância, as comunidades protetoras e o Telefone Azul[2] são realidades nascidas exatamente desse contexto.

Hoje, ouvimos dizer que a violência e os abusos contra as mulheres estão aumentando e isso nos enche de pasmo na época do "confronto". Talvez devêssemos começar a pensar que, na realidade, os fenômenos submersos estão vindo à tona, enquanto aquilo que um tempo atrás era tabu hoje pode encontrar um canal de expressão.

O conhecimento que desenvolve o homem pós-moderno é particular: Carlos da Inglaterra casa-se

2 *Telefono Azzurro* é uma linha de apoio, criada em 1987, cujo principal objetivo é defender os direitos das crianças. Recebe ligações 24 horas por dia.

com o seu velho amor e ficamos pasmados, esquecendo os sistemas menos ortodoxos (é o caso de dizê-lo!) com que o trisavô dele, Henrique XVIII, mudava de mulher.

Verdadeiramente pensamos que no passado as coisas funcionassem melhor em relação aos dias de hoje?

Resolvidos os sofrimentos do não reconhecimento e da massificação, que pertenciam à família de ontem, daí nasceram outros. Foram abandonados alguns recursos, mas outros foram ativados. Em suma, vivemos em um mundo que muda: para melhor em algumas coisas, para pior em outras. Substancialmente, tal como sempre.

Poderemos pensar que a passagem da extrema rigidez da família patriarcal, em que o indivíduo sofria em favor dos laços familiares, ao polo oposto da desorientação das famílias de hoje, nas quais a individualidade vence sobre a relação, poderá levar a uma fase de maior equilíbrio. A família escolheu uma estrada difícil, mas queremos crer que essa crise tenha um sentido, e essa fase de passagem, que estamos atravessando, permitirá aos seus membros encontrar o justo equilíbrio e a possibilidade de fazer coexistir a união e a diferenciação.

3
LABIRINTOS FAMILIARES: OS INTRANSITÁVEIS PERCURSOS DO VIVER JUNTOS

O sofrimento na incompreensão do casal

"Alexandra, onde estão as meias?"

"Na sua gaveta!"

"Na minha gaveta? Qual?"

"Aquela das meias. Na cômoda. Aquela sua."

"Em que buraco estão essas meias? Aqui não estão. Já que elas estão aqui, venha pegá-las você!"

"Estou aqui, não se preocupe, sempre pronta para responder às suas ordens. Esta é a sua cômoda, esta é a sua gaveta e aqui dentro, por magia, suas meias tão desejadas!"

"Se você me amasse, como diz, me faria encontrar todas as vestes prontas sobre a cama, como você fazia quando éramos apenas esposos. Você mudou... Não a reconheço mais!"

Assim que começamos a namorar, o outro é perfeito, aquilo que esperávamos de uma vida, a outra metade da maçã. Mas será que realmente vemos o outro? Com quais olhos o estamos enxergando? Talvez o drama esteja no olhar o outro pensando que ele ou ela possa ser o realizador das minhas necessidades, aquele(a) que colocará fim nos meus sofrimentos. Queremos um(a) companheiro(a) ou um(a) mago(a)? Ao colocar no outro todas as nossas esperanças, é como se a estivéssemos colocando no vácuo, do qual não podem escapar.

Mas, felizmente, o amor é tormentoso! Que teria acontecido às poesias de Leopardi ou às canções de Battisti? Quem se teria comovido vendo o filme *E o vento levou...* (1939) e como teríamos sonhado sem o príncipe encantado, que demorava uma fábula inteira para chegar? Que seria do homem sem o tormento do coração, sem os sofrimentos do jovem Werther?

Os casais de hoje são constituídos por duas identidades bem distintas. Cada uma com a própria autonomia de pensamento, com as próprias ideias a exprimir. Ponhamo-nos nos confrontos do outro com expectativas claras. Por que se criam, então, situações de incompreensão e de sofrimento?

Encontrar um compromissário que respeite as necessidades de cada um é difícil. Pode acontecer que, por mais que nos esforcemos, o nosso parceiro, em alguns momentos, se afaste de nós, da imagem que dele tínhamos, e nos pareça inacessível. Nesses casos, pode acontecer que um ou os dois desistam da ideia de se comunicar, ou exprimir realmente aquilo que pensam e que, consequentemente, nos encerremos em nós mesmos, aumentando aquela sensação de distância percebida no início. Outras vezes a comunicação se torna inexpressiva e o conflito predomina: mais que de palavras construtivas, as conversações são cheias de acusações recíprocas e de sentido de insatisfação. Se essa progressão não for interrompida, o conflito continuará a ser alimentado e não produzirá qualquer benefício, mas sim o efeito de acumular ofensas recíprocas.

Em um interessante e divertido livro, *Os homens são de Marte, as mulheres são de Vênus*, seu autor, John Gray, apresenta a hipótese de que a causa da incompreensão entre homens e mulheres deva ser procurada na sua diversa natureza. Se homens e mulheres não têm reciprocamente um bom conhecimento de algumas particularidades do outro, o desencontro estará assegurado. Eis por que as mulheres se obstinam a querer dar sugestões aos homens também quando não lhes foram pedidas. Os homens, ao contrário, tendem a minimizar os sentimentos femininos, fornecem soluções práticas e não costumam ficar escutando lamentações. Outro desencontro nasce quando o homem, em um momento de crise ou de preocupação, prefere não falar e se enfastia ante a típica pergunta feminina: "Que está acontecendo?". Vice-versa, quando o homem vê a mulher mal-humorada, não lhe pede que fale ou, se lhe pede, o faz uma vez só e depois continua a fazer o que estava fazendo. Para a mulher, esse é um sinal de insensibilidade. Há também a tarefa de manter a família, que o homem entende como máximo dom de responsabilidade, mas para a mulher se torna vã se não existe uma manifestação de afeto ou de interesse nos seus confrontos. E assim nas frases das mulheres, desiludidas pelos cuidados que não recebem, existe frequentemente uma tendência denigratória mais que um pedido de ajuda. A mulher não pede que lhe sejam dadas flores, caso contrário o valor do dom decai. Também deixa entender que o companheiro é um grosseiro e não a envolve em afeto! Mas se ao homem não se fala claramente, o risco é que não chegue a compenetrar-se das reais necessidades da companheira. E assim por diante... Poderemos continuar a enumerar uma série de outras situações de incompreensão notadas por todos. Encenações da vida familiar cotidiana.

Quando não se tem um bom conhecimento de si mesmo e do outro, ou quando se tem a presunção de pensar que no decorrer do tempo as pessoas não mudam, os motivos de incompreensão tornam-se muitíssimos. Encontrar-se na metade da estrada seria um bom modo, mas não é verdadeiramente fácil. Talvez permaneçamos ancorados nas nossas posições. Aguardamos que seja o outro a vir procurar-nos. Nutrimos o desejo de que o outro compreenda e, se isso não acontece, o sentido de desilusão nos invade. Naquele ponto entra o orgulho e então mudar de posição em direção ao outro torna-se sempre mais difícil. A pequena incompreensão torna-se um vazio, e o vazio torna-se voragem.

O encontro de duas sílabas, no fundo, quanto pode resultar complicado!

O Eu e o Você que se encontram na realidade são também a síntese de um encontro entre muito mais pessoas. Cada um de nós provém de uma família, assimilou dela os hábitos de como se relacionar, os modos de falar, em parte também as crenças e os pensamentos. Igualmente o modo de movimentar-nos, aprendemos com a família. Aí acontece que você conhece alguém que se associe a sua família do "mesmo modo" que vocês têm de se relacionar?

Quando nos encontramos com alguém e dessa pessoa nos enamoramos, trata-se apenas de dois. O fundo permanece fora: no início de uma relação amorosa é provável que os amigos sejam colocados de lado, para ser reintegrados pouco a pouco em um segundo momento. Não se coloca a necessidade de sobrepor o parceiro e sua família de origem, porque essas realidades estão ainda separadas.

Quando o casal se abre para o resto do mundo, podem começar a surgir os primeiros pequenos problemas. Torna-se uma questão de regras, de hábitos, de confins. Muitas mulheres lamentam que os maridos, diante da mãe, perdem a capacidade de pensar. Os maridos lamentam que as mulheres vivem em parte ainda entre as paredes domésticas em que cresceram. E assim almoços, ceias, festividades, presentes assumem um significado diverso. Não representam mais apenas o compartilhar juntos. Constituem momento de abertura, um dom do nosso tempo. E se não existe equilíbrio entre as partes, se nos importarmos com isso, vamos sofrer.

O definir-se da identidade de cada um, o emergir das necessidades pessoais, colocou em crise alguns equilíbrios. Porque ao lado do prazer de sentir-se realizados ou especiais, no fundo, pode haver também muita incerteza e insegurança. O ser homens e mulheres diferenciados é um desafio constante. O risco de não saber quem somos, de ser confundidos, é altíssimo. O homem que se olha ao espelho pode sentir-se fortemente incomodado. Quando se assumem comportamentos sem se importar, é mais fácil, mas, quando nos encontramos diante de nós mesmos, com as próprias fraturas internas, o sofrimento aumenta e encontrar as respostas é como escalar uma montanha.

Francisco, pai de duas filhas e com problemas de alcoolismo, narra ter descoberto um dia, por acaso, que sua mulher tinha tido um "caso" com a própria vizinha. Afirma pasmado: "Teria preferido mil vezes que tivesse um caso com um homem!". Joana atribui a culpa da sua separação a uma jovem mulher, da mesma idade de sua filha, vinte anos, que se tornou depois a companheira do marido. Alfredo, pai de quatro filhos, se desespera por não ter podido nunca manifestar a própria homossexualidade. E poderemos continuar narrando histórias de vida não pertencentes à bizarria dos VIPs ou daqueles que um tempo atrás se chamavam a "alta sociedade", mas próximas de nós e portadoras de um sofrimento cotidiano e aviltante.

Sempre mais frequentemente ouvimos dizer que os problemas na intimidade são causa de crise profunda. O que é que sucede?

Estamos na era da liberdade sexual, e não obstante são numerosos os casais que enfrentam problemáticas ligadas à diminuição do desejo ou a várias disfunções.

É possível que o casal se deixe distrair pelas milhares de experiências que a vida de hoje propõe. Ao retrair-se de si mesmo e do outro, corre-se o perigo de projetar-se em uma realidade que não existe. A realidade de hoje com frequência se concretiza na publicidade de um estilo de vida, que se torna "o estilo". É necessário estar presentes, sempre com os hormônios ativos...

É possível que a mulher e o homem, no contato contínuo com outras mulheres e homens, no trabalho, no esporte, coloquem em crise as próprias relações. Pode-se chegar a pensar que possa ser aquela outra pessoa que conheci, exatamente aquela, que pode dar-me a felicidade. Ou então pode-se pensar que a vida deve ser vivida dia após dia e não nos podemos negar uma experiência envolvente ou arrasadora.

A intimidade do casal tornou-se um índice, um termômetro, a levar em consideração. Se não existe um bom entendimento...

O que é que significa isso? O corpo, a sexualidade, a cumplicidade no casal são argumentos dos quais se trata continuamente. Tais temas têm cumprido, no decorrer dos últimos anos, um deslocamento: de argumentos íntimos e privados tornaram-se do domínio público. Basta folhear um semanário qualquer para encontrar os mais estranhos pedidos de conselhos a quem cuida daquela seção. Quanto mais se fala disso, mais confusos esses assuntos se tornam.

O emergir da sexualidade como necessidade reconhecida pelo homem e pela mulher, além da generatividade[3], abriu um capítulo interessante, mas, no

3 "Um interesse em educar e guiar as gerações mais novas" (E.H. Erikson, 1963). (N.E.).

fundo, pouco conhecido. Sabe-se que devemos falar de sexualidade, que é importante fazê-lo, mas o ponto é que não se sabe ainda *como* fazê-lo. É mais fácil banalizar o assunto que enfrentá-lo com real conhecimento. Quem murmura em comitiva, muito provavelmente, com o(a) parceiro(a) não consegue nem mesmo enfrentar o assunto. Assim acontece que, não obstante tramas dos filmes, transmissões televisivas ou jornais nos bombardeando com informações sobre a sexualidade, estamos ainda desarmados.

No âmbito mais protegido das sessões de psicoterapia, pessoas de várias idades, cultura e extrato social abrem-se sobre a própria intimidade, portadora de uma grande quantidade de sofrimento. Frequentemente uma pessoa que vai à terapia confia ao próprio psicólogo ter dificuldade nesse âmbito, mas na maior parte dos casos ainda não enfrentou o argumento com o próprio parceiro e teme, também fortemente, fazê-lo. E não há diferença entre mulheres e homens, ainda que as primeiras sejam mais propensas a confiar em uma amiga, enquanto os segundos são mais tendentes a guardar para si esse tipo de problema ou a negá-lo por vergonha.

A intimidade nasce no interior de uma relação e assume significado só graças a ela e nela. É o contexto que serve de moldura, que tutela ou favorece os significados da intimidade. Por exemplo, para uma mulher, a intimidade sexual com o parceiro é momento de compartilhamento que é criado e cuidado no interior de uma lenta evolução de atmosfera. Se alguma coisa na comunicação não funciona, se por exemplo houve um litígio ou uma incompreensão, a mulher se retira da relação, enquanto o homem tem a ilusão de encontrar a companheira, debaixo das cobertas como se nada tivesse acontecido. Muito provavelmente encontrará, em vez disso, a mulher amuada por causa da sua desatenção ou que lhe pede para esclarecer a todo custo a situação, caso contrário não conseguirá aproximar-se dele novamente.

A impotência, a frigidez e a ejaculação precoce são apenas algumas das dificuldades que podem afligir o indivíduo e, consequentemente, o casal. As causas das disfunções sexuais podem ser tanto físicas quanto psicológicas, mas, sobretudo, são relacionais. Entretanto, muitas pessoas encontram, como dissemos, imensas dificuldades ao se abrir com o parceiro a respeito da esfera da sexualidade.

Quando essas dinâmicas, na realidade comuns a todos os casais, são sobrevalorizadas, com o passar dos anos acumulam-se incompreensões e afastamentos. Sente-se o incômodo de enfrentar o discurso, teme-se que nada será resolvido e nos sentimos inadequados e desconfiados. Pode acontecer, então, que o argumento seja enfrentado quando se apresenta um motivo desencadeador, como, por exemplo, uma traição. Nesses casos, é como se, diante da situação extrema, nos sentíssemos "constrangidos" para falar disso.

Frequentemente na *má sorte* existe a traição. Mas isso também deve ser lido na ótica da relação. Para que serve a crise no casal? É possível que também a traição tenha um sentido? Na realidade, é exatamente assim. Isso pode ser útil para evitar um confronto, para retalhar-se um espaço para si, para manter aqueles papéis que não se conseguem integrar, com pessoas diversas em ambientes variados. Qualquer que seja a explicação, ela deve ser indagada.

Outras vezes o casal chega a se extinguir: a intimidade se reduz às trocas cotidianas, às frases do costume. Dentro dessa moldura de intimidade abatida, não existe espaço para o jogo, para uma interação espontânea. Nesses casos se é arrastado pela correnteza e, quanto mais passa o tempo, mais difícil fica juntar os pedaços.

A relação implica o risco de que o outro se afaste, que nos atraiçoe. Implica também o perigo de que nós mesmos venhamos a nos trair. A relação comporta mudanças, da pessoa e da própria relação. É inevitável que com o transcorrer dos anos nos encontremos, por exemplo, diante das temáticas da idade ou do corpo que muda. Ao enfrentar momentos particulares da vida, novas partes de nós vêm para fora, velhas cicatrizes se deixam perceber. Novas ocasiões de encontro, fora do casal, virão a se criar e as acolheremos de maneiras diversas. Se, por exemplo, não estamos satisfeitos com o que temos, poderemos estar mais predispostos a abrir-nos para novas estradas relacionais.

É também inevitável que um casal que esteja junto há anos enfrente fases diversas da própria história, às vezes balouçantes, passando por momentos de tristeza e momentos de alegria, ou do compartilhamento ao afastamento. Mudanças importantes, transferências, preocupações, os filhos que crescem. A relação implica a mortificação do/no confronto, o despir-se dos próprios pensamentos e das próprias necessidades, as do coração, as da mente e as do corpo.

Quando diante dessa possibilidade nos assustamos e damos um passo involuntário para trás, de qualquer modo estamos traindo a relação e, no sentido de evitar o aviltamento do confronto, preferimos permanecer com nós mesmos mais que confiar no outro e na possibilidade que temos de construir com ele a mudança.

A contínua descoberta da intimidade de casal é um desenvolvimento pouco mensurável. Evidentemente, quanto melhores forem o entendimento e a comunicação, mais será fácil enfrentar os pequenos ou grandes momentos de crise, mesmo se pudesse não ser simples resolvê-los. Ler sobre esses acontecimentos e dinâmicas sob o ponto de vista da relação, dar um significado à crise e não identificá-la necessariamente como destrutiva e negativa pode dar alguma chance a mais para o casal. É necessário estar, pois, atento à relação, conscientizando-se de que a relação com o outro remete também a nós mesmos, à relação que temos com o nosso corpo, a como pensamos a nossa intimidade, às vivências a que nos sentimos ligados. Temas pessoais, não resolvidos, pertencentes à esfera íntima, podem recair sobre a relação. Entrar em contato com o outro pode nos dar a possibilidade de crescer, decidindo enfrentar as nossas dificuldades. A falta de confiança, tanto em si mesmos quanto no companheiro, pode constranger-nos ao silêncio, a não nos revelar. Continuaremos pois a nos sentir mal, correndo porém o risco de confundir os nossos problemas pessoais com os do casal (Cavaleri, 2007).

Ter essa consciência sobre a própria identidade corpórea é uma conquista.

Hoje o homem se encontra, sob esse ponto de vista, a falar uma linguagem diversa em relação ao corpo. A atenção da mídia à beleza, à estética, ao aspecto juvenil ou a maior atenção dada à saúde contribuiu para aumentar o conhecimento das pessoas sobre o próprio corpo, deixando-as, porém, com um conhecimento apenas parcial. Estamos todos já tornados competentes no como mostrar-nos, sobre o estilo que devemos manter. Estamos prontos para "fazer ver" o nosso corpo, mas talvez não o estejamos quando devemos "senti-lo", isto é, quando devemos tomar contato conosco, com as nossas sensações e emoções, e quando, graças a estas, podemos entrar mais espontaneamente em contato com o outro (Salonia, 2000).

Recuperar o corpo implica confiar nos sentidos e aprender novamente a "ver", "ouvir", "sentir", porque sem essas preciosas informações não podemos habitar na concretitude do mundo (Galimberti, 2003). Se não estamos em contato com nós mesmos, com a nossa respiração, com o nosso movimento, com a nossa energia, não conseguiremos colher plenamente a essência corpórea do outro e encontrá-lo verdadeiramente. A ligação com o outro é corpórea, é psicológica, é espiritual. Envolve a totalidade da pessoa. A incompreensão que pode nascer em um desses níveis não deve ser nunca banalizada.

Se não nos detemos a fazer juízos de valor, mas buscamos compreender o que acontece na realidade, vemos que o sofrimento do homem e da mulher está na dificuldade de encontrar o próprio lugar no mundo, assim como no interior da relação. Com a sensação de que se está em uma parte mas se gostaria de encontrar em outra parte, com o medo que nos desafia, nos encontraremos congelados, com a busca de certeza e de estabilidade no outro, e com o amargo conhecimento, infelizmente nem sempre alcançado, de que também o outro tem as suas dificuldades e não pode curar as nossas feridas.

Com Salonia (2002) individualizamos dois grandes medos que podem impedir o abrir-se para um amor pleno. O primeiro é o medo de ser nós mesmos, que leva a definir o casal como entidade mais forte e como a forma de nos sentirmos completos na nossa individualidade. E depois evitamos os litígios, os espaços pessoais são iguais a zero, se faz tudo junto e a simbiose se acende... Se acontecesse fora da nossa verdadeira natureza, o outro iria se espantar. O outro medo, no polo oposto, é o de ser sufocados pelo outro e de não poder exprimir a própria individualidade que se tem, mas que o outro poderia matar. Se não mantenho o meu espaço, então perco a minha unicidade e a minha essência e dou muito poder ao meu parceiro.

O ajustamento contínuo entre o doar-se e o retirar-se, entre o compartilhar e o experimentar-se sozinhos requer uma cotidiana caminhada sobre o fio da navalha. Para que se torne um natural passeio, devemos tornar-nos competentes como os equilibristas!

Pais ok?

Enquanto o casal busca encontrar o próprio equilíbrio relacional, entre bons e maus períodos, entre serenidade e conflito, deve absorver, ao mesmo tempo, outra importante tarefa: ser pais. E para compreender melhor os motivos do sofrimento que uma família encontra no seu percurso de crescimento, devemos olhar para seus passos evolutivos. Também aqui usaremos as duas dimensões do espaço e do tempo.

A família é um sistema que funciona como um organismo existente por si mesmo. Ao longo do tempo, exatamente como uma pessoa, a família atravessa várias fases de crescimento.

No início, existe um casal que decide passar do ser simplesmente “parceiros” para ser, em vez disso, “futuros pais”. Essa fase é muito delicada e compreende uma mudança de perspectiva e de autopercepção: a vida será organizada em espaços e tempos diversos. Voltarão a ecoar em cada parceiro as recordações dos próprios pais, far-se-á referência àqueles modelos de pai e de mãe. Ser-nos-á perguntado se estamos em condições de cuidar de um filho, como mudará a relação com o próprio parceiro. As renúncias, o compartilhamento das tarefas e as responsabilidades influenciarão fortemente a vida do casal. As emoções em círculo serão tantas: a curiosidade, a felicidade e o medo, para citar apenas algumas. O casal começará a mudar antes ainda que o filho venha ao mundo.

Quando nasce o "pequerrucho", há um revolvimento geral. As expectativas que se tinham serão seguramente diversas da realidade como se apresenta nesse momento: o casal é aturdido por milhares de sensações, será rodeado por parentes e amigos. Receber-se-ão milhares de conselhos e sugestões, até que ao estado de estresse seguirá uma fase de calma, na qual o casal e o primeiro filho começarão a enfrentar a cotidianidade.

O sofrimento, nesse período, pode ser suscitado por muitos eventos. O casal deverá encontrar um equilíbrio novo para substituir hábitos preconstituídos: compartilhar o papel de genitor com o parceiro significa arriscar ainda mais a própria capacidade de tornar-se complementar ao outro. A puberdade do primeiro filho, depois, transforma os pais de crianças em pais de adultos, e os temas da sexualidade começam a se respirar no ar. Os pais olham para as mudanças do corpo dos filhos com admiração e preocupação. É naturalmente reevocada a própria adolescência e existe algo que começa a mudar. A puberdade do último filho é, ao contrário, associada à ideia da velhice e do fato de se precisar reencontrar de novo apenas os dois.

Além disso, não importa apenas o momento que está atravessando o casal, mas no interior desse contexto existe também o crescimento pessoal de cada um, que pode seguir ritmos diversos. Hoje se têm mais oportunidades de mudança e de crescimento. A idade madura ou a aposentadoria são mudanças individuais que repercutem na família.

E o que acontece diante da mudança?

A capacidade parental deve transformar-se continuamente. De ano para ano, a relação com os filhos requer coisas diversas e, para adequar-se a ela, é necessário confrontar-se e sustentar-se. A mudança que encontramos nas nossas realidades familiares teve origem de uma lenta evolução dos múltiplos contextos familiares ocorrida no tempo, orientando hábitos, exigências e modelos. No fundo, a família de hoje é fruto da família de ontem. Os pais de hoje são os filhos de ontem. A sociedade mudou graças a eles, não a encontramos assim por acaso. Mas gerir a mudança é difícil. Atualmente, um diálogo entre pais e filhos é mais ou menos este:

"Você não deve nunca voltar para casa a uma hora da madrugada!"

"E por quê? Que tem de mal?"

"Tem de mal que isso não se faz!"

"E por que não se faz? Se tiver de fazer alguma cretinice, posso fazê-la também às 10 horas da noite!"

"É impensável que toda a família esteja na cama e você ainda não tenha chegado em casa!"

"Saiam vocês também! O que eu posso fazer?!".

"Não permito! Você é um impertinente! Se eu me dirigisse ao meu pai desse jeito... Mas não... Eu nunca faria isso! Não se fala assim com seus pais!"

"E por quê? Quem é que disse?"

Quem o diz? Quem tem a autoridade para dizer que uma coisa se faz ou não se faz?

Na sociedade de hoje não está mais claro, como há algumas décadas, o que é justo e o que não o é. Na realidade, em nível de "significados" não podemos nem mesmo dizer que assim fosse no passado, mas certos conceitos educativos eram "aceitáveis" e não era necessário colocá-los em discussão.

Antes de 1968, por exemplo, a autoridade dos professores não era posta em dúvida. Não se perguntava se o próprio filho era bem acolhido no contexto escolar. A escola era o lugar onde se "devia" aprender e, se o filho não o fizesse, deveria ser punido ou então encaminhado para um outro tipo de atividade.

Hoje, temos nas mãos algo conquistado nas décadas passadas: a valorização das coisas é confiada a uma perspectiva absolutamente subjetiva. Mas o outro lado da medalha é: nesta perspectiva, quem tem razão? Todos temos razão porque todos consideramos as coisas sob o nosso ponto de vista. E então temos razão se somos professores e nos desesperamos na tentativa de fazer permanecer sentados os garotos e as garotas, temos razão se somos pais e pedimos o melhor para os nossos filhos, temos razão se formos adolescentes e, na crise evolutiva, se torna para nós mais fácil ser rebeldes em vez de ser obedientes...

Sob o ponto de vista dos pais, encontramo-nos no dever de propor um estilo educativo que, sendo autorreferencial, desperta mais confusão. A vantagem é que posso permitir-me pensar de maneira diversa de como fazia meu pai ou minha mãe, porque o critério não é mais rígido etc., mas isso requer de mim a força de estar convencido daquilo que eu digo. A autorreferencialidade, em suma, é algo muito bom, que dá o sentido da liberdade de pensamento, mas compreende em si muitos riscos.

Imaginem que coisa aconteceria se não existisse um código de trânsito. Poderíamos economizar tempo e tomar a estrada que nos parecesse mais rápida, mas os acidentes cresceriam de forma desmedida. Evidentemente não podemos adaptar de todo a comparação, mas mais ou menos ao afirmar a própria ideia é isto o que sucede: "Por que o professor não se adapta à personalidade do meu filho?", "Por que os professores passam tarefas para casa?", "Quem disse que é melhor assim?".

Quando o sistema educacional procura um "terceiro", como a instituição escolar, encontrar um "bode expiatório" torna-se mais fácil. Mas o que acontece entre as paredes domésticas? Repete-se exatamente a mesma dinâmica. Busca-se ensinar o melhor aos próprios filhos, mas ninguém nos conforta sobre o fato de que estamos agindo bem assim, mesmo porque, qualquer coisa que se faça, os filhos não "agradecem", dizendo-nos "Valeu, papai!" ou "Legal, mamãe!", mas nos deixam sempre a sensação de que estamos cometendo um erro.

E assim as dúvidas vão corroendo: "Onde estou errando?". O pai, além do mais, deve manter suas próprias ideias e comparar-se com muitos personagens. Com o estilo educativo dos avós ("No meu tempo, seu filho não poderia dirigir-se ao pai desta maneira!"), com aquele dos pais dos companheiros dos filhos ("Os meus amigos voltam para casa à meia-noite desde que tinham 13 anos!"), com aquele das professoras e dos professores ("Precisam orientar melhor o garoto no desenvolvimento das tarefas!"). Para não falar depois dos modelos que os mesmos garotos aprendem: os dos personagens de desenhos animados e ficção científica variada, os de rostos famosos da televisão aos quais todos pedem opiniões (quase como se o dom de cantar ou de recitar devesse estar, por força das coisas, ligado à sabedoria de explicar o mundo...).

E agora se tenho rugas, não pratico esporte, agrada-me ficar em casa e sei ser também muito aborrecida, poderei nunca estar à altura da protagonista da série de TV *Gilmore Girls*. Se como pai não me assemelho a Arnold Schwarzenegger, se não tenho superpoderes e se sou talvez também um pouco desajeitado, terei a força e a capacidade de entabular uma conversa com meu filho na qual poderei ensinar-lhe alguma coisa, sem ouvir que me responda que eu penso "à moda antiga" ou que não tenho ideia do mundo em que vivemos?

São os pais de garotos na fase da adolescência que devem grandemente habituar-se ao olho crítico e um tanto compassivo dos próprios filhos. Existe uma fase em que a gente se envergonha dos próprios pais e não se tem demoras em manifestar tal sentimento. O conhecimento desse espelho impiedoso que os filhos devolvem pode desencadear várias reações. Se nos identificamos com a imagem negativa que nos é restituída, então podemos fazer de tudo para nos recuperar.

Pode-se procurar ser *pais ok* e dizer sempre a coisa certa no momento certo, estar de pé desde a madrugada, mostrando-se o sedutor ou tornando-se a mãe confidente das amigas dos filhos. Nesse caso, perde-se a assimetria de seu papel e se busca colocar-se em igualdade de situações, de modo a ser olhados com olhos benévolos: de adolescentes para adolescentes. Ser amigos dos próprios filhos significaria ser capaz de aceitar com tranquilidade que eles falem com você de sexo, drogas, transgressões. Nutre-se a ilusão de serem capazes disso, porque se espera poder esconder, por trás da palavra "amizade", o desejo de conhecer tudo aquilo que o filho está fazendo. Mas com qual tipo de ouvido pode escutar-se melhor e com que papel pode-se dar um bom conselho?

Outros casais se tornam rígidos nas próprias posições e as sustentam até o fim, vangloriando-se de serem pais "completos" e partindo do pressuposto de que as ideias dos filhos são absolutamente vãs.

Reações ainda mais deletérias são aquelas que levam os genitores, ou um dos dois, a delegar a educação dos filhos aos outros e a refugiar-se em outras tarefas, seja no trabalho, seja com os amigos. Esses são os pais que "evaporam", que pensam mais nos bens materiais a dar aos filhos do que na compreensão e no acolhimento afetivo. Tudo é concedido para que os filhos não criem problemas. O genitor ausente pode também decidir transcorrer tempos limitados com os filhos, entrincheirando-se por trás da convicção de que, no fundo, não é importante o tempo que se passa com eles, mas a qualidade do tempo, esquecendo-se de que a quantidade é elemento essencial da qualidade (Cavaleri, 2003).

Talvez o problema não esteja em ser pais valentes, mas em pretender ser os mais valentes, os melhores pais do mundo. Essa atitude esconde dois medos: o de errar e o de que aos próprios filhos possa acontecer qualquer brutal experiência. Dois medos que não podem ser sustentados por dados da realidade. Porque ninguém é perfeito e porque a vida reserva alegrias e dores. Ao viver esses medos, legítimos e naturais, partimos já em desvantagem, porque não existe remédio.

Em um filme de Disney, um peixe-palhaço de nome Marlin perde a mulher e os filhos por conta do ataque de uma barracuda. Permanece sozinho com um filho que se chama Nemo e que gostaria de proteger de tudo, não lhe permitindo sair da anêmona-do-mar. O medo de Marlin é tão grande que impede o filho de vivenciar qualquer experiência, até que Nemo se rebela e, com raiva do pai, se afasta da barreira de corais e é capturado no mar aberto.

Como sustentar os filhos? Como confiar neles? Como deixar de ter medo que causem mal a si mesmos?

No diário de Mário, lemos a preocupação com Gerry, que, muito jovem, começou a fumar. Que fazer? Censurá-lo? Puni-lo? A intervenção de Mário movimentou-se a partir da constatação de que o filho era belo e capaz de força opositiva. O cigarro e os perigos do fumo acabaram, no fundo, em favor da energia que Gerry estava demonstrando.

Ter confiança na força vital dos próprios filhos não é simples, porque vivemos antes deles e temos a tentação de querer salvaguardá-los dos perigos que já conhecemos. Para um adolescente, o perigo é parte de uma perspectiva. O que importa é o desejo de experimentar, de viver a vida fazendo experiências dela. O que os pais podem fazer, nesse ponto, é confiar na perspectiva, confiar nos ensinamentos dados, na força vista dentro do próprio filho, permitindo-lhe descobrir sozinho a direção para a qual dirigir-se, confiantes de que a vontade de viver dos filhos seja sustentada por todo o peso disso que os pais forneceram a eles em termos de tempo, de calor, de apoio.

As numerosas interrogações que um casal se faz não têm uma resposta. Como é habitual ouvir dizer, *não existe um manual dos pais valentes* e "se nos tornamos genitores colocando um filho no mundo", para tornar-se pai e mãe é necessário dedicar toda a própria vida" (Andreoli, 2006, p. 12).

Quem pode ajudar um casal a entender melhor o que fazer e o que não fazer?

Na realidade, no casal existe um recurso inestimável que pode ser desfrutado, que é o do confronto e do apoio mútuo, uma possibilidade que existe apenas porque se está em dois. Quando se perde essa direção comum, cria-se uma confusão educativa bastante arriscada, além do fato de que nos sentimos sozinhos ao educar os filhos. A consequência é que quem deve receber as referências não sabe verdadeiramente para onde olhar: terá razão mamãe ou terá razão papai? Todavia, é bastante frequente que aconteça essa dinâmica e que, diante dos filhos, se discuta sobre o que é melhor fazer, ou então que se desqualifique a decisão do parceiro, com sofrimento da parte de todos. E então provavelmente tudo se reconduza, como sempre, à relação.

A relação pode pacificar os tormentos da dúvida. Tem em si esta preciosa qualidade. Sobre a relação, podemos estar certos. Se os pais garantem um terreno seguro feito de calor, apoio, compreensão, a censura ou o conselho irão se enquadrar nesse contexto e assumirão um significado diverso. Posso pensar, como adolescente, que meu pai, na vida, contentou-se com pouco e não é moderno, mas não poderei colocar em dúvida o seu amor por mim.

Nesse ponto, todas as indicações tornam-se supérfluas. Se as emoções que circulam em nossa casa são de respeito, valorização, compreensão, pensam vocês que seja importante se seu filho volta para casa às 23 horas ou à meia-noite? É uma decisão que deve ser tomada para manter exatamente o papel de "guias", mas não se criará um dano por isso. Os danos são determinados pela falta de reconhecimento, pela desqualificação, pela confusão nos papéis, pela falta de afetividade, pela desorganização.

O casal de pais não pode se iludir de que os filhos não entendem se existem dificuldades ou emoções negativas. Às vezes graves acontecimentos familiares estão ocultos por trás de motivações outras ou são negados de todo; tais atitudes não fazem senão desencadear a imaginação dos filhos sobre "o que é que" esteja verdadeiramente acontecendo. E na fantasia de uma criança ou de um adolescente podem estar vivências muito mais desestabilizadoras, exatamente porque imaginadas e desconhecidas. Exatamente como acontece quando assistimos a um filme de terror.

Atrás da porta rangedora que se abre lentamente, projetamos os nossos medos, e nos sentimos mal. E depois continuamos sentindo-nos mal de novo quando vemos a imagem que nos é apresentada. Frequentemente os arrepios que percebemos antes, no estado de trepidação, são também maiores em relação àquilo que experimentamos olhando a cena com a porta rangedora já aberta.

Quando no interior de uma família se quer encerrar um sofrimento ou um conflito, os filhos não só percebem essas emoções por meio da tensão, do modo como se fala e das expressões do rosto, mas também pensam que esse fato possa constituir um perigo para eles, quase uma ameaça. E então tentam alienar-se para não sentir esse sofrimento, ou então se tornam ansiosos e preocupados.

Ainda que existam problemáticas que são de específica competência dos adultos, e não é dito que devam ser compartilhadas com os filhos, não ser claros e fingir não ser nada significa não ter confiança de que os filhos possam se adaptar e compreender a situação.

Um casal que atravessava um momento particularmente conflituoso decidiu passar as festas natalinas separadamente. Ao filho foi dito que o pai, por motivos de trabalho, deveria se ausentar. Vocês acreditam que o filho, além do fato de a desculpa ser mais ou menos compatível com o trabalho do papai, não perceberia que a mãe, com a qual ficava, estava pouco tranquila? Não pensam vocês que as ligações telefônicas às quais assistia não lhe deixassem perceber que a comunicação entre os pais não era das melhores?

Também nesse caso não existe uma coisa certa a fazer e não existe um grilo falante que nos sussurre um conselho sobre como devemos nos comportar. De qualquer modo, se existe uma situação negativa, ela deverá ser percebida pelos dois, quer o queiram, quer não. Existe, porém, um espaço de possibilidade, inteiramente nosso, e esse é o terreno seguro da relação, que depende só de nós. Se estamos em crise com o nosso parceiro, não devemos perder de vista os filhos e as emoções que os seus confrontos evocam neles. Pode ser a família como um todo que sofra; se não conseguimos manter nossa atitude inopinada ou ambivalente, os filhos encontrarão os recursos para reagir. Quando as nossas relações são fortes, podemos correr o risco de expor realmente as opiniões que temos, sem ter medo das consequências: a base segura da relação, do afeto, não será colocada em discussão.

A confiança na relação é indispensável para ser pais ok. Não por serem perfeitos, mas por serem reais e espontâneos com os filhos. Erraremos quando consentimos com alguma coisa e quando vetamos qualquer outra, mas teremos transmitido que a relação é algo maior, que pode nos confortar nos momentos de crise e que é indelével. Poderemos ser ex-maridos e ex-esposas, mas não poderemos ser ex-pais e ex-filhos.

Deixamos vocês com um exemplo admirável de confiança na relação...

O risco

Quando me contou sobre os seus projetos, o seu futuro me pareceu incerto. Sabia o que poderia acontecer, conhecia os perigos, tinha já vivido aqueles desejos. Teria querido dissuadi-lo, fazê-lo permanecer, mas era tão belo e cheio de vida que não soube fazer outra coisa senão olhar vendo-o ir embora, aceitando o risco de vê-lo viver a sua vida por si mesmo, sem mim.

Preparou-se rapidamente, pegou todas as suas coisas e, ao ir-se, não olhou para trás. O meu coração naquele momento se despedaçou, mas continuei a viver.

Chegavam-me notícias suas: alguns o tinham visto dissipar-se, ir-se embora, confundir-se com a pior espécie de homens. Nada mais estava ao meu alcance a não ser a fé na beleza que recordava ter visto nele quando, menino, me mostrava os seus sucessos ou quando corria para ajudar-me, vendo-me carregado de pesos.

Olhos meus não me traiam, digam-me que o homem que vejo aproximar-se me é familiar, que o rosto que entrevejo é aquele do meu amado filho.

"Voltou, voltou!", gritam os meus servos e me fazem sobressaltar-me. Um arrepio percorre o meu corpo, a comoção se apodera de mim e corro, corro, corro.

"O filho lhe disse: 'Pai, pequei contra o céu e contra você; não sou mais digno de ser chamado seu filho'. Mas o pai disse aos servos: 'Rápido, tragam aqui a veste mais bela e façam-no vesti-la, ponham-lhe o anel no dedo e sandálias nos pés. Tomem o vitelo gordo, matem-no, comamo-lo e façamos festa, porque este meu filho estava morto e voltou à vida, estava perdido e foi encontrado'. E começaram a festejar" (cf. Lc 15,21-24).

A solidão dos arcos

"Veja como é graciosa Donatella... Tornar-se-á uma senhora bela moça."

"Por favor, não o diga a mim, sinto uma pancada no estômago quando penso nisso. Um pai deveria poder proteger para sempre os filhos, ao invés de eles crescerem e depois irem-se embora."

"É verdade! E, crescendo, vão nos deixar sozinhos."

Permanecer sozinhos, dentro do ninho que de repente se esvaziou e que antes ecoava o chilrear festivo, das bicadas e das brigas amorosas, e que agora permanece silencioso, não é agradável, nem fácil.

O jantar cotidiano, que hoje parece ter permanecido o único momento do encontro familiar, se faz a dois. Dois pratos, dois copos, dois talheres, dois bifes. Também se cozinha algo mais na esperança de que o filho possa passar por ali para ver os pais, para conversar ainda que um bocado com eles e assim ter a ilusão de poder participar da vida dele como antes.

O crescimento dos filhos pode ser vivido como um drama, separar-se é sempre doloroso, e voltar a ser casal pode assustar porque não nos recordamos mais de como se faz para viver a dois.

Talvez esse momento tenha sido até mesmo aguardado, tenha sido esperado para estar a sós, para viver a intimidade de tempos passados. Em suma, a esperança de uma segunda lua de mel se aproxima, mas a perda do papel de mãe e de pai, no sentido do exercício diário de cuidado para com o filho, se por um lado dá alívio, por outro nos leva a descobrir tempos mortos. São os tempos do fastio, do "não sei o que fazer". Os quartos da casa se esvaziam e aqueles espaços que antes eram tão difíceis de ser bastantes para todos se ampliam de repente.

Viver "para" e "com" os filhos é um empenho pesado, mas se é arrastado pela cotidianidade, por todas aquelas coisas a fazer que enchiam a nossa jornada, mesmo também quando nos lamentávamos. Quando chegam a faltar certos gestos, a ausência se torna concreta para nós em cada jornada. Vai-se embora também o caçula, o último gerado, e nos encontramos com poucas coisas a fazer. Deslocar as energias para uma outra direção não é fácil. Devem-se redescobrir espaços de compartilhamento com o parceiro, mas também com atividades que não estejam relacionadas apenas ao casal. Começa-se por inscrever-se na escola de teatro, na escola de dança, por entregar-se a atividades nas associações de voluntários, a inscrever-se na universidade da terceira idade.

Não só entramos prepotentemente em contato com a maturidade daqueles filhos, que pareciam pequeninos até poucos dias antes, mas nos tornamo-nos também conscientes de que não existe uma tarefa sucessiva para nós. E ajudar a cuidar dos netos significa que somos avós. Envelhecemos. E não estamos falando dos outros, daqueles companheiros de jogos que encontramos pela estrada e que nos parecem sempre mais grisalhos e enrugados. Isso agora nos toca. Somos velhos e o descobrimos quando nosso filho fecha a porta atrás de si, deixando-nos no silêncio.

Toda a energia que ainda sentimos dentro de nós e que foi servida para ser pais e mães em tempo integral, por vinte anos ou mais, cai-nos em cima e arrisca fazer-nos despencar. O que fazer agora? Que objetivo terá a minha vida de agora em diante? Se depois sobrevêm também a menopausa, as dores nas costas e o velho genitor que está "perdendo as forças", sentimo-nos exatamente caídos por terra.

Poderemos decidir permanecer na vida dos nossos filhos e, portanto, ir para a casa deles, cuidar da roupa deles, pagar os boletos das contas, adotar como um filho o eventual companheiro ou companheira. Tudo isso nos faria sentir-nos ainda úteis, mas não permitiria aos nossos filhos crescer, cuidar de si mesmos. Uma outra solução poderia ser ir a uma palestra, comprar roupas com descontos, ir a uma discoteca, em suma, fazer todas aquelas coisas que não pudemos fazer antes. Isso poderia também ser bem encaminhado, mas seria como procurar imitar os jovens, com o risco de não poder mais seguir-lhes os passos.

O que resta? Ir à excursão com os velhos?

Haveria também a possibilidade de chegar o neto e poderíamos ocupar-nos dele. Voltamos a reorganizar o quartinho e esperamos a cegonha chegar. E se os filhos tivessem aprendido bem e, portanto, fossem pais em tempo integral, deixando-nos só o espaço para ser avós e nada mais?

Restaria a excursão com os velhos!

E quem ia esperar que aos cinquenta ou sessenta anos precisássemos redescobrir a vida, um novo objetivo, uma nova identidade? Assim nos cumpre descobrir ser um homem ou uma mulher em crescimento e que os nossos filhos são adultos tanto quanto nós.

"Falta-me um filho!": permitimo-nos dizer e também chorar. Também nós faltamos aos filhos, mas eles agora buscam uma relação paritária, de adulto para com adulto; devemos estar prontos para criar essa relação, deixando de nos colocar no pedestal destinado à autoridade genitorial e escorregando no mais difícil papel de adultos que vivem a sua vida.

Pensar que os filhos sejam culpados por nossa solidão, censurá-los porque não nos chamam ao telefone e não nos vêm encontrar, enraivecer-nos por não ter recebido deles o presente que desejávamos servirá somente para remeter o confronto com nós mesmos, com o nosso sentir-nos sozinhos, com as nossas fragilidades. Os filhos não podem resolver a nossa solidão, pois esse é um problema nosso. De onde ele nasce? Talvez do sentir-nos sem um objetivo? Reinventemos então um objetivo, busquemos entender o que queremos e o que podemos fazer para realizá-lo. Estamos dispostos a crescer? Ou queremos só lamentar-nos e chorar?

Isso para não falar do parceiro que está sempre muito cansado, muito velho, muito diferente e não nos ajuda em nada. Também o nosso parceiro é frágil e também ele está vivendo os nossos mesmos tormentos, mas talvez o manifeste de maneira diversa. É só uma outra viagem a fazer com o nosso companheiro, mas também com uma valise cheia do amor dos nossos filhos, da sua estima, ainda que nos pareça que às vezes não se apercebem disso, e com a consciência de que procuramos fazer o quanto está ao nosso alcance para a família crescer.

Mas, quando o outro não existe mais, nos tornamos conscientes das palavras que não dissemos e que deveríamos ter dito ou querido dizer. A presença do outro na nossa vida, marido, mulher ou companheiro(a), é uma certeza constante, e nada pode fazer-nos pensar em sua partida e nele ou nela afastando-se de nós. Não obstante toleremos com muito custo o parceiro quando está ao nosso lado, sua morte nos incomoda, deixando-nos sem fôlego. Como faremos para viver sem o outro? Uma parte de nós foi-se embora junto com ele e nós nos tornamos conscientes disso só quando ele se vai. Como é possível que nos apercebamos só depois que ele era tão importante para nós? A cor do luto no Ocidente está ligada ao preto, tinta que exprime com tamanha precisão a realidade que vivemos. O preto exclui qualquer outra cor, não existe mais vida, nenhuma alegria, nenhuma esperança.

Só o amor e a proximidade dos amigos, dos parentes, de quem permaneceu conosco para compartilhar a dor nos pode restituir pouco a pouco à vida. E assim acontece que um dia chegamos a recordar as palavras doces de encorajamento que o nosso amado nos teria dirigido, se tivesse estado próximo de nós. E sorrimos pensando que uma parte de nós foi-se embora com ele, mas uma parte de nós permaneceu conosco.

Em tempo de balanço, frequentemente acontece que as perdas apareçam mais que os ganhos, mas entregar-se às perdas não serve para nada, partamos sempre daquilo que temos e construamos sobre essa base. Como no filme de Maxime Troisi, *Ricomincio da tre* (1981), no qual o protagonista se obstinava a repetir que recomeçava dos três e não do zero, porque recomeçar do zero não teria feito justiça àquelas três coisas boas que havia feito. Também nós não nos aviltamos recomeçando do zero, ante tantas coisas boas que fizemos? Iniciemos daquelas portanto. Se os nossos filhos foram capazes de deixar-nos, quer dizer que os atiramos para o bem, que os ensinamos a ser autônomos. Se chegaram a casar-se, aprenderam de nós a amar. Se nos censuram por não ter sido pais valentes, quer dizer que estivemos em condições de dotá-los de capacidade crítica. Ser capaz de ver além das aparências não é fácil, por isso devemos exercitar-nos para ver as coisas boas por trás das coisas más e as coisas más por trás das coisas boas. Se nosso filho é sempre obediente e aos quarenta anos vive ainda conosco, circundando--nos de mil atenções, então preocupemo-nos. Talvez devêssemos rever o nosso modo de entregá-lo à vida.

Vocês são os arcos dos quais os seus filhos
como flechas viventes são lançados.
O arqueiro vê o alvo no caminho do infinito
e pega vocês com o seu poder
para que as suas flechas voem velozes e distantes.
Deixem-se pegar com alegria pela mão do arqueiro;
visto que ele gosta da flecha que voa
assim gosta também do arco que é bem firme.
(Gibran, 2003)

4
SER FAMÍLIA NO MUNDO DE HOJE

Vimos como a família deve manobrar entre as várias situações, naturais do próprio processo de crescimento, com dificuldades próprias do seu ser. Temos procurado também dar uma chave de leitura global: a família está experimentando resistir não obstante tudo, mesmo que aparentemente possa parecer-nos estar à deriva.

Os motivos de sofrimento que a vida reserva são, portanto, numerosos, e a família deve enfrentá-los graças aos seus recursos. Existem também outras situações com as quais a família entra em contato e que fazem parte da sociedade na qual ela está inserida. A sociedade, por um lado, pode assustar-nos: as novidades que propõe nos "invadem" e não sabemos bem como reagir. Por outro lado, a sociedade pode constituir um apoio válido ou uma referência a manter. Em algumas e, afortunadamente, extremas situações, a sociedade "salva" da família patológica.

O medo da novidade e o medo diante do futuro

"Gerry está colado diante do PC, em transe diante do PlayStation e, se chega uma mensagem, ele a responde instantaneamente, mesmo que estejam à mesa. A sua companheira de classe, aquela que lhe agrada, teve já três namorados. Aquele outro seu amigo parece ter decidido tornar-se um mapa geográfico com todas as tatuagens que fez... Mas, segundo você, os sermões que lhe fazemos terão algum efeito?"

"Não sei, Mário, eu também ando muito preocupada. Vivo com o medo de que algum dia me venha dizer que vai embora ou que bebe na discoteca. Mas que deveremos fazer? O mundo corre veloz. Afrouxamos?"

A internet oferece tantas vantagens. Imaginem. Vocês podem inventar o nome que quiserem (conhecido como *nickname*), podem dizer o que desejarem, diversamente daquelas informações que consignamos aos outros enquanto somos observados. Não sendo facilmente reconhecíveis, a inibição não se manifesta, porque se é blindado pelo meio telemático. E, caso se cansem do *chat*, basta interromper a conexão!

Muitos conhecimentos hoje são adquiridos por meio da internet. Tudo acontece em tempos breves. Ao mesmo tempo você pode conhecer mais pessoas.

O fenômeno Facebook ensina. Milhões de pessoas trocam opiniões sobre assuntos de interesse comum. Outras se encontram depois de anos. É uma rede social, uma grande vitrine virtual em que podemos nos inscrever e expor o próprio perfil (generalidades, *hobby*, leituras preferidas etc.). No Facebook são registrados também personagens entre os mais diversos: VIPs, políticos, religiosos e todos aqueles que buscam novas amizades. Quanto maior é o número dos amigos, tanto mais se é "in".

A percepção do tempo de quem está no PC se modifica. A própria identidade entra no mundo virtual consentindo escolher se se apresenta com uma imagem falsa ou como se é na realidade. Naturalmente, na internet, muitas pessoas que querem confrontar-se sobre assuntos também muito íntimos podem encontrar uma possibilidade de intercâmbio. Falar da própria homossexualidade, por exemplo, é mais fácil porque nos sentimos mais livres para fazê-lo, distantes do julgamento e da incompreensão. Muitas pessoas que são impossibilitadas de sair de casa podem geralmente "encontrar" alguém, quase como se fosse no limite das próprias paredes domésticas.

Quando a ocasião de encontro é agilizada, não podemos senão ficar satisfeitos, porque o meio telemático teve a função de facilitador. Quando o meio substitui, entretanto, a relação humana, então nos conscientizamos de que a pessoa corre o risco da alienação e da depressão, pelos contatos sem vitalidade, pela própria identidade exposta, mas não realmente conhecida. Quando nos habituamos aos tempos de uma relação pela internet, além disso, podemos nos desabituar dos contatos humanos reais, aqueles que não podemos interromper desligando o PC.

Essas novas realidades relacionais são objeto de interesse. Discute-se sobre elas, busca-se entender o que está acontecendo. No telejornal ouvimos por vezes notícias extravagantes: a garota que tem tendinite porque mandou muitos SMSs, e que continua a enviar um SMS a cada dois minutos, a criança japonesa que desmaia por conta do número de horas que se manteve diante do PC, aquele jovem que permanece conectado à internet durante dias inteiros.

Devemos perguntar-nos por que razão hoje se verificam esses acontecimentos.

Que necessidade manifesta uma criança que brinca ininterruptamente diante de uma realidade virtual? De que está cheia a sua jornada? Ninguém ao redor dela percebe o que estava acontecendo? Devemos exorcizar a internet e a tecnologia?

Refugiar-se na relação de mais gestos que se pode construir com esses meios na realidade esconde um grande sofrimento. Um sofrimento silencioso, talvez pouco consciente, ou então uma grande insegurança que impede de encontrar o outro e correr o risco da incerteza. Nós, pais, frequentemente lamentamos esse vegetar dos nossos filhos diante dos monitores, mas com que frequência lhes propomos jogar juntos ou participar de um passeio?

No entanto, existem tantas pessoas inabilitadas, ou impossibilitadas por outros motivos de sair de casa, que por meio da internet podem entrar em contato com outras pessoas. Cada um de nós, se precisa de informações sobre uma lei ou sobre uma viagem a fazer, ou sobre a gravidez ou sobre uma doença, pode conectar-se e receber as notícias que deseja. Um grupo de pessoas pode trabalhar em um mesmo projeto mesmo vivendo distantes. Um hospital pode pedir um parecer sobre um seu paciente a um especialista estrangeiro fazendo uma consulta em videoconferência.

Entre um uso ponderado e inteligente dos meios de comunicação e a sua invasão na nossa vida, que diferença existe?

Relativamente à identidade da pessoa, experimentam-se mais falhas existenciais e mais espaço se deixa para uma realidade outra, que podemos controlar e modificar a nosso gosto. Se na vida cotidiana não consigo sentir-me poderoso, procurarei obter essa sensação de modo diverso, por exemplo, dissimulando a minha vida na internet ou fazendo jogos de desempenho de papéis. O *Second Life* é um caso emblemático de como essa necessidade de resgate se torna "realidade virtual". É como ter uma vida paralela, na qual o meu aspecto, o meu nome e a minha profissão são aqueles que eu decido, e através dessa identidade interagimos com outros si mesmos imaginários, posso adquirir a casa que desejo, posso viajar ou tornar-me presidente da República!

Lá onde existe um vazio, eis que se busca preenchê-lo e, quando a alienação é mais severa, chega-se a confundir outros temas, como a sexualidade, que não pode prescindir do contato corpóreo, com a realidade virtual. Pornografia, cibersexo e voyeurismo predominam. O terreno sobre o qual medram é uma imensa solidão, em que aparentemente não aflora a dificuldade, mas não aflora nem mesmo o calor.

E dizer que parecemos tão espertos em temas de sexualidade... Na realidade ocultamos frequentemente dúvidas, inseguranças, falsas convicções e uma dificuldade em relacionar-nos não só com o outro, mas antes de tudo com nós mesmos e com o nosso corpo. A realidade virtual também facilita isso. Consente obter uma veloz, mesmo que fátua, satisfação. Mas, na era da incontentabilidade, isso é melhor que nada.

Porém como vivemos o contato com essas realidades que nos parecem tão distantes e ameaçadoras? Que preocupação suscita a internet? Como reagimos aos temas da convivência, da sexualidade, da homossexualidade? Que pensamos quando ouvimos nosso(a) filho(a) perguntar-nos se pode fazer uma tatuagem, se pode fazer a cirurgia para ter seios mais proeminentes, ou se o seu desejo para o futuro é tornar-se velejadora ou jogador de futebol? Que papel tem a família nesse panorama?

Como pais, frequentemente permanecemos desorientados porque ficamos amedrontados por essas coisas que não conhecemos. Diante de uma comunidade de contemporâneos que utiliza canais que "fogem" ao controle, podemos sentir-nos com poucas possibilidades de intervenção. Como entrar nos meandros de um mundo tão diverso de nós?

Annalisa, mãe de dois filhos, o maior com 18 anos e a menor com 15 anos, narra ter havido uma gritaria na família porque descobriu que a filha iria encontrar um homem conhecido pela internet. Os pais em geral adotam uma intervenção repressiva diante desses casos, mas lhes é aconselhado por psicólogos que se "abram" ao mundo da internet e se aproximem dos filhos, conectando-se juntamente com eles na Web e igualmente lhes perguntando como funciona a sua rede de amizades. Para Annalisa, a ideia é impensável, pois espanta-a muito, confunde-a. É-lhe mais fácil dizer à filha que aquilo que faz é errado, mas não consegue encontrar nessa dinâmica um motivo de cumplicidade com ela.

Cada um de nós reage ao medo de modo diverso. De qualquer forma o medo é funcional, porque nos adverte de um perigo, mas nem sempre a fuga é a solução melhor. Existe quem se paralisa, quem evite desafiá-lo delegando a outra pessoa a resolução do problema, e mesmo quem tente enfrentá-lo.

Estamos também expostos em nível midiático a cenários particularmente inquietadores. O atentado às Torres Gêmeas de New York em 11 de setembro de 2001 assinalou o início de uma nova fase: o medo ao terrorismo e à guerra em uma nação entendida como intocável e símbolo do poder no mundo. A era pós-moderna se apresenta, com efeito, diante de um outro gênero de medo; na década de 1940, temeu-se pela guerra e sabia-se que o risco chegaria dali, e dali assumiria significado. Hoje, o medo é generalizado por aquilo que é imprevisível e não normalizado: o jovem que enlouquece pega uma arma e faz uma mortandade em uma escola, os rapazes que se divertem lançando pedras do viaduto, o terrorismo, os tsunami e assim por diante...

Uma outra variável que não deve ser ignorada, e que influi negativamente sobre o clima familiar, é certamente a precariedade em nível econômico. Como vemos, os papéis no interior da família foram mudados: a mulher trabalha e, além de ter obtido, desse modo, sua realização, está também envolvida na "procura" dos bens materiais. O papel de mãe e "cuidado do lar" é conciliado com o papel revestido no mundo externo.

Mas as famílias de "uma só renda" são cada vez menos fáceis de encontrar, não somente por exigências pessoais de autorrealização, mas também para satisfazer as necessidades financeiras.

O recurso da família como célula social e econômica da coletividade parece ter perdido importância. Muitos casais "temem" ter um segundo ou terceiro filho exatamente por medo de não lhe poder oferecer um nível econômico e pensam também que "hoje as crianças têm exigências diversas".

A precariedade do trabalho, bem como a dificuldade em encontrá-lo com facilidade, pode investir no chefe de família um sentido de profunda frustração. O nível de estresse aumenta. Que futuro se pode garantir à própria família? Manter os filhos estudando torna-se difícil e se associa também a desconfiança da utilidade dessa corrida para a láurea, que depois na realidade não assegura o lugar de trabalho.

A situação financeira mundial, chegada ao colapso, tinha sido preanunciada anos passados por alguns economistas. E, efetivamente, o consumismo exasperado, o não ter feito bem as contas no bolso, utilizando "dinheiro virtual", nos pegaram de surpresa. Continuamos a viver no bem-estar, mas estamos envolvidos por um sentido de precariedade e finitude que nos faz sentir-nos em suspense.

Uma pesquisa do Censis, de 2003, sobre os principais "medos dos pais que têm filhos", fornece dados interessantes: morte por acidente em estradas, uso de drogas, frequência de más companhias, doenças, pedofilia são, em ordem decrescente, os principais medos de um genitor (Censis, 2003). Cerca de 65% dos pais temem pelo futuro econômico dos próprios filhos, e 65% dos genitores temem o isolamento, como família, nos momentos de dificuldade.

Houve mudanças nesses medos, orientados e modificados pelos conhecimentos coletivos. Já em 2008 as pesquisas de opinião Censis se orientaram a compreender como a crise econômica mundial influenciou a percepção do medo, revelando 71% de pessoas que temiam não poder manter o mesmo teor de vida, 62% que temiam não poder lidar com os cuidados médicos, 60% que temiam perder as economias e assim por diante... (Censis, 2008).

Agora, provavelmente, aliado ao medo pela situação econômica, teremos associado o medo dos estupros, dos imigrados ou de terremotos.

Qualquer que seja o medo que levemos dentro de nós, além das estatísticas, quando sentimos que o terreno sobre o qual caminhamos está minado, quando não conseguimos olhar para além e ver no futuro as possibilidades de abrir espaço, sofremos muito.

Que fazer então?

Como combater os medos por meio da criatividade

"Para poder viver serenamente, não se pode ter a guerra em casa, no lugar que deve no caso funcionar como refúgio, também quando a guerra se combate nas estradas da nossa vida. E a paz em casa é possível."

Andreoli, 2006

O terremoto acontecido em Abruzzo em abril de 2009, com um número de vítimas infelizmente muito elevado, permitiu observar como as pessoas valorizaram as relações sociais diante do medo.

A situação dos desabrigados, compartilhada por milhares de pessoas, com a impossibilidade de viver a dor, o medo e o luto na própria casa, reforçou as ligações sociais, reduzindo ao mínimo os contrastes, as antipatias e as discriminações. É como dizer que nessa situação se deva também reagir e, não podendo fazê-lo com os recursos que temos, porque perdidos, se mostra em campo "quem realmente se é". A proximidade certamente não eliminou o desconforto ou o desespero, mas permitiu descobrir a fonte da cooperação.

Quando nas famílias se vive o medo do mundo externo, ou das novidades que podem tomar sempre cada vez maior espaço, não nos podemos permitir escapar, não nos podemos permitir delegar, nem se pode negar que tais realidades existem. Evitar os argumentos que nos colocam em embaraços, pensar que a pressão social é muito forte ou demonizar outras pessoas são soluções que não produzem melhorias.

Assim como os papéis no casal não se definem só porque formalizados, pode-se dizer a mesma coisa para o núcleo familiar. A família deve construir/reconstruir perenemente a própria identidade e reforçá-la por meio do compartilhamento. Não existe uma outra situação que possa garantir a segurança nas pessoas. A família deve responder ao desafio de ser forte no seu interior, mas permeável para com o exterior. Se os filhos, dentro de uma família, recebem um bom nível de segurança, isso será "exportado" também no seu modo de enfrentar o mundo. E assim, se uma novidade chegar do exterior, pode ser compreendida e padronizada também no interior da pessoa. Por exemplo, poderia ser interessante convidar o amigo "tatuado" de nosso filho para almoçar e conversar um pouco com ele?

Diante dos numerosos episódios de violência que os rapazes exprimem, os "especialistas" dizem que se trata, na realidade, de um modo de enfrentar os medos, erigindo-se como heróis e protagonistas de um evento que, apesar de violento e arriscado, é tomado como difícil de enfrentar. A necessidade de querer fundar a própria segurança, a própria autoestima, a própria personalidade sobre essas bases é preocupante, mas é um indício de algo maior.

O conhecimento do mundo, hoje, dificilmente é "mediado" pelas figuras de referência. Como pais nos sentimos desinformados, ignorantes. É efetivamente mais provável que sejamos nós a perguntar aos nossos filhos como funciona esta ou aquela outra "novidade". Como inverter a rota e retomar o autodomínio? Informar-nos sobre aquilo que nos assusta, conhecer o que nos parece distante e diverso, arriscar-se a enfrentar assuntos embaraçantes são modalidades que podemos adotar para contrastar o medo e tornar familiar o clima de cooperação.

Não podemos limitar-nos a compartilhar a casa, a consumar juntos as refeições. Não podemos nos limitar a falar somente sobre os temas do nosso interesse. Para não transmitir medo, devemos experimentar superar o nosso medo. Para que o sofrimento seja tolerável, deve tornar-se compartilhável. O ambiente familiar não deve ser um ambiente do qual fugir e que faça brotar a vontade de alienar-se. Tornar seguro o espaço "dentro das paredes domésticas" significa fornecer um trampolim estável de salto para o mundo.

A cooperação na família, além disso, deveria ser modelo da "comunidade das famílias", a fim de que não nos sintamos sozinhos nesse esforço. As realidades, infelizmente numerosas, que vivem as famílias que cometem maus-tratos e abusos são fruto, além de serem patológicas, também de fechamento em relação à sociedade. Como justificar os casos em que entre as paredes domésticas acontecem eventos horripilantes e só depois de muitos anos eles são revelados? A rede relacional, nesses casos, pode compartilhar as capacidades consentidas aos pais e pode erigir-se como sustento de quem tem necessidade de ser ajudado.

Descobrir os recursos e a força da família pode ter um retorno maravilhoso. Diante disso também a precariedade econômica pode assumir um significado diverso: "Não estou em condições de garantir-lhe o fardo firmado, mas lhe garanto que sou genitor que toma para si o cuidado". E essa competência, afortunadamente, é gratuita. Bastaria que acreditássemos também nós, de maneira confiante, que somos o suficiente. Até porque não é normal que os nossos filhos prefiram o bem material à nossa proximidade.

Mário, servente de pedreiro, pai de dois adolescentes, narra um episódio que o assombrou. Durante uma saída com a família para fazer compras, tinha se sentido ofendido pelos próprios filhos que continuavam a pedir-lhe roupas caras. Sentia-se humilhado por aqueles pedidos e, no seu coração, mortificado por não poder atendê-los. A sua reação em um certo ponto tinha sido de raiva. Tinha levado o núcleo familiar para casa, praguejando contra todos. Por dois dias houve uma espécie de "guerra fria". No sábado seguinte, Mário convocou a família e começou a falar com eles com uma calma incrível. Havia explicado a situação econômica familiar, exprimido as próprias preocupações em relação ao futuro, dito que lhe desagradava não poder satisfazer os pedidos de roupas caras, esclarecendo que eram desproporcionais em relação ao seu salário. Depois pegou do talão dois cheques de dez euros dizendo aos filhos, que estavam para sair, que eram os únicos tostões que tinha naquele dia e que os dava a eles de presente. Mário estava pasmado: não acreditava que teria conseguido enfrentar o discurso com tanta calma, mas ficou ainda mais tocado pela reação dos filhos, que o tinham acolhido e entendido, bem como pelo clima de harmonia e serenidade que se seguiu depois da sua fala.

Individualizar soluções criativas no sofrimento ou no desconforto é muito mais viável do que acreditamos. É exatamente verdade que a família não é feita para se sentir sozinhas. Ela pode garantir, também por meio de papéis diversos, a presença sustentadora do outro.

5
OS ALICERCES DO FUTURO

Nossas marcas no presente

"O rio não representa a paisagem, mas se adapta a ela, no sentido de que encontra o seu curso entre os vínculos que se impõem, não a partir da paisagem ou da lógica da água, mas sim, sempre e necessariamente, da interação de ambos os aspectos."
Von Glasersfeld, 1987

Happy days é certamente um dos seriados de televisão de maior sucesso e do qual muitos temos, ainda hoje, uma boa lembrança. Estava na crista da onda entre as décadas de 1970 e 1980, e narrava as vicissitudes que a família Cunningham vivia na Milwaukee da década de 1950. As histórias eram quase todas centralizadas sobre um problema, como dificuldades na adolescência, no namoro, na sexualidade, e tudo era resolvido graças a sábios discursos dos pais de Richie (filho adolescente dos Cunningham) ou por mérito das mais rudes, mas não menos eficazes, intervenções de Fonzie (mecânico que recordava na atitude o mítico James Dean). O modelo de família que era proposto era certamente reconfortante, os problemas eram discutidos e resolvidos, e todo o núcleo familiar parecia ter um papel importante em toda a comunidade.

Certamente nos agradaria, como famílias, poder ainda ser um ponto de referência para a comunidade e um adesivo para a sociedade, mas todos os dias somos constrangidos a observar as famílias que se desagregam e a comunidade parece não existir mais, dissolvida também ela como toda a sociedade.

A função da família na sociedade foi determinante em nosso passado. Basta pensar em como era importante o suporte da rede familiar no caso de luto e de arruinamento econômico: se crianças se tornavam órfãs, eram os tios que as tomavam em sua casa; se se verificava um problema econômico, a solidariedade familiar impedia que as famílias caíssem na indigência. A comunidade se sustentava graças ao suporte garantido pela rede familiar.

Hoje, os grupos familiares se afastaram e é cada vez mais frequente que entre os primos uns não conheçam os outros. Também a ideia de comunidade mudou. Atualmente, criam-se ligações dentro da internet. Reunimo-nos em um ambiente virtual e com grupos de pessoas com as quais se compartilham interesses. Buscam-se nas redes pessoas que no mundo têm o nosso mesmo sobrenome e também se organizam com seus encontros. As redes sociais se ampliaram até incluir pessoas distantes de nós vários ou muitos quilômetros. Assim conversamos com um desconhecido japonês, assinamos uma petição para salvar um condenado à morte no estado da Geórgia, EUA, ou disputamos uma partida de damas com um hindu. Pode-se até mesmo dar vida a ações que podem ter um impacto sobre todo o globo. Assim acontece que é lançada uma campanha de coleta de assinaturas contra a morte dos animais de pelúcia a que milhões de pessoas, em todo o mundo, aderem. Todas essas novidades da realidade atual nos transformam, e a velocidade com que as mudanças se sucedem não nos permite projetar o futuro.

Gostaríamos de poder consignar aos nossos filhos e netos um mundo que apoiasse os seus fundamentos sobre um solo estável. Garantir uma casa, um trabalho, uma família com a qual poder contar, assim como os nossos pais procuraram nos oferecer, mas nos conscientizamos da impossibilidade de prometer-lhes as mesmas bases que tivemos nós. A tentação de olhar para o futuro atingindo o presente é muito forte. Buscamos no passado as coisas boas e gostaríamos de podê-las transmitir em herança. Nosso século vem de um passado em que a família era um ponto de referência forte para toda a comunidade e claramente queremos poder adaptar aquele modelo, que para nós foi "o modelo", também para as famílias de amanhã. Acontece que as famílias de hoje se delineiam de maneira diferente do tipo originário presente na nossa mente e isso nos perturba. Como podemos nos opor à mudança? Se pensamos que o mundo está em contínua transformação, também as transformações da família são inevitáveis.

As famílias rígidas dos nossos avós estão praticamente extintas. Já os nossos pais precisaram acertar as contas com um mundo que mudava depressa demais para permitir que eles fossem tão rígidos. As nossas famílias assistiram, e a vivem ainda, àquilo que Pasolini chamava de “mutação antropológica”: em outras palavras, uma mudança social, cultural e moral em que governam as leis de mercado e na qual as pessoas não são mais distinguíveis entre si, porque dominadas por uma cultura de massa. A singularidade perdeu-se por trás das modas que nos tornaram todos iguais e dos consumos que nos homogeneizaram. A cada momento nossos avós ou nossos pais, conscientizando-se das mudanças que estavam sofrendo, procuraram remediar, opondo-se com força, procurando confinar-se, defender os próprios territórios físicos e mentais, mas venceram? Puderam opor-se ao mundo global?

Também a mutação da família encontra em nós opositores encarniçados. Gostaríamos de preservar de todos os modos os valores dos quais é portadora, mas nos sentimos impotentes. Parece-nos que a mutação em ato não seja governável e que o único modo de podê-la enfrentar seja a oposição. Assim nos entrincheiramos por trás de rígidos ditames que impõem o que é certo e o que é errado, o que se deve ou não se deve fazer. A rigidez e o desencontro geralmente não mudam as coisas, antes podem influir negativamente na crise.

Poderemos consolar-nos pensando que, nessa mutação, podemos imprimir a nossa marca levando para o futuro algo do passado. Poderemos, por exemplo, desejar que um gesto ou um valor se perpetue no futuro e continuaremos na tentativa permitindo-lhe mudar para voltar a ser si mesmo em um mundo novo e em um tempo diverso (Baricco, 2008).

Se pensamos nas famílias dos nossos avós e na divisão rígida dos papéis masculino e feminino, repropor aquele modelo hoje se tornaria para nós impensável e improponível, mas daquela família de ontem portamos, de qualquer maneira, alguma coisa. Pensemos, por exemplo, na responsabilidade dos pais nos confrontos com os filhos, ou na ideia de garantir uma casa, um trabalho e um futuro melhor. Esses objetivos não mudaram, mas antes o casal colaborava para que se realizassem, estando muito mais presente na vida dos filhos.

As ligações que se tornam transitórias talvez sejam o sintoma de uma orientação para um estilo de vida mais flexível, em que flexível não quer dizer necessariamente frágil, mas versátil. Como se fôssemos gotas de água dentro de um lago. Cada gota de água forma uma ligação com todas as gotas que estão junto, mas, se uma pedra rompe a superfície do lago, as ligações se desfazem com extrema facilidade e depois se recompõem, voltando a criar a superfície do lago. Se as gotas de água criassem ligações mais rígidas, como quando a água gela, o lançar uma pedra sobre a superfície do lago criaria um buraco e a superfície não seria mais íntegra.

Os papéis de pai, de mãe e de filho se perpetuaram no novo mundo, no novo tempo, mas de um modo diverso. Não sabemos como serão as famílias de amanhã, nem nos é fácil prevê-lo, nem podemos projetá-lo, todavia podemos contribuir para a sua evolução. Se é verdade que a nossa sociedade se tornou líquida, no sentido de que deve ser de tal maneira que se adapte a qualquer mudança, também nós devemos ser água e encher os recipientes diversos em que seremos derramados. Se não podemos assegurar aos nossos filhos um futuro estável, devemos nos adequar a essa realidade, mas procuremos dar-lhes a estabilidade da nossa presença. Se não podemos oferecer-lhes um trabalho, apoiemo-los na sua capacidade de resolver os problemas. Se não podemos assegurar-lhes uma família como aquela dos nossos pais, demos a eles todo o amor que possamos.

Imprimamos a nossa marca dentro do presente permitindo ao futuro acontecer, mas não sem ter-lhe dado um encaminhamento. O comboio do tempo passará sobre nós, mas somos os trilhos da ferrovia sobre os quais esse comboio se movimenta. Demos às nossas famílias a segurança sobre a qual poderão apoiar o futuro, as potencialidades sobre as quais poderão crescer: os sentimentos de amor que experimentamos, o trabalho que desenvolvemos a cada dia na esperança de assegurar um futuro melhor, as roupas que lavamos, as refeições que preparamos, as noites em claro que passamos para acudir os nossos amados que sofrem, os empréstimos que contraímos para enfrentar as urgências, as poesias que escrevemos, a fé em que apoiamos as nossas ações, mas também a nossa humanidade constituída por raiva, dor e fragilidade.

A enzima da relação: o contato

O outro é o espelho no qual vemos a nós mesmos. Nós nos vemos confrontando-nos: se alguém está feliz, aquela felicidade nos faz ver o sentimento que se agita dentro de nós e que poderia ser tanto de contentamento quanto de tristeza. Para chegar a esse confronto precisamos, todavia, estar dispostos a tomar contato com o outro ou também a encontrá-lo.

A pele é o meio através do qual contatamos o outro, nos saudamos apertando-nos a mão ou beijando-nos no rosto. Se alguém não nos agrada, saudamo-lo a distância, evitando qualquer proximidade física, mas se encontramos um velho amigo também o abraçamos fortemente, aumentando quanto mais possível a superfície do contato. Se nosso filho chora, o tomamos nos braços e o apertamos forte para consolá-lo, mas se alguém nos enfurece, ai dele se se aproximar: mantemo-lo a distância com um olhar e o corpo em uma pose furiosa.

Contato implica às vezes contágio, doença. Poderemos ter medo de saudar um amigo com gripe, por temor de que o seu vírus possa transmitir-se a nós ou evitá-lo completamente porque respirar o mesmo ar poderia ser veículo de contágio.

Na era do ciberespaço, o contato tornou-se também ele virtual. Encontramo-nos dentro de um espaço que não existe, com corpos que não existem e certamente podemos afirmar que nos *contatamos*. É definido *contato* o endereço que possuímos para falar via internet com outros. Ao contato frequentemente se segue um encontro. Os encontros virtuais, geralmente, são organizados na esperança de poder depois conhecer fisicamente o outro.

O contato físico parece essencial para uma vida mais saudável. Estudos científicos demonstraram que massagear as crianças prematuras aumenta a capacidade de recuperação dos pequeninos. Parece que, em relação a crianças não massageadas, as massageadas ganham peso, ritmo cardíaco e respiratório muito antes. Também quem massageia parece sofrer o efeito benéfico da ação que realiza. Demonstrou-se que a ação de massagear o outro, talvez porque seja um contato precisamente entre peles, estimula a produção de neurotransmissores em quem atua a massagem, garantindo um melhor nível de saúde (Touchresearch.com, 2008).

O *contato* não quer dizer, necessariamente, tocar-se, mas a ação do *contatar*, do encontrar o outro. Podemos tocar fisicamente o outro, mas não ter nenhum tipo de desejo de realizar o encontro, por exemplo, quando somos constrangidos no metrô a apertar-nos uns contra os outros porque existe pouco espaço. Nesse caso, nos tocamos e basta. Podemos, vice-versa, contatar um amigo ligando para ele e, mesmo não o tocando, encontrá-lo. Ou, ainda, ver o nosso amigo na rua e estabelecer com ele uma conversação, mas se ele estiver com a atenção presa em outra parte e é tomado pelas suas preocupações, poderá estar fisicamente conosco, mas não o encontraremos verdadeiramente. Encontrar o outro implica o movimento de ir até ele a fim de entrar em contato secundando um movimento que é recíproco. O contato acontece quando você e eu estamos presentes na relação, quando existe intenção de encontrar um ao outro. É a *copresença* que permite o contato.

A célebre cena da criação de Adão representada no alto da Capela Sistina é certamente, ao menos sob o ponto de vista iconográfico, a mais rica (também eminente tanto pela elevação do artista quanto pelo assunto religioso) fonte de reflexão sobre o tema do "contato".

A leitura tradicional da obra vê a figura de Deus em uma explosão de majestade no ato de transmitir a primeira centelha vital ao corpo de Adão, exatamente através de um iminente contato dos respectivos dedos. Recentemente, também graças à publicação do artigo no qual o neurólogo Frank Lynn Meshberger (1990) descreveu as surpreendentes correspondências por ele notadas entre a anatomia de um cérebro humano (visto em secção) e a representação michelangelesca, foram feitas outras estimulantes releituras, mesmo que às vezes um pouco fantasiosas, se considerarmos as notícias sobre os estudos anatômicos de Michelângelo bem como sobre a sua complexa misticidade.

Aquela à qual estamos mais afeiçoados é a da "criação contínua", que opõe à visão da cena como ação instantânea e resolutiva do Criador uma leitura dinâmica e "inteligente" (no sentido etimológico do termo *intelligere*) de uma ação recíproca entre o homem e "Deus-cérebro".

Essa ação criativa é vista exatamente como "contínua", entre um homem em evolução e um Deus inteligente que, longe de fossilizar-se em um concluído ato primigênio, persiste, exatamente, por meio de um contato aberto a contínuas revisões e que não conheceu soluções de continuidade (Mangano, De Bernardis, Scapagnini, 2009).

O movimento dos dedos não é só de Deus para o homem, mas também do homem para Deus, como se estivessem dentro de uma cocriação, uma ação recíproca entre um homem em evolução e Deus. A cocriação caracteriza o contato com o mundo. Nós nos relacionamos com o mundo por meio das nossas carências e das nossas necessidades, e o mundo se relaciona conosco com as suas exigências. Juntos criamos a relação. *Criar juntos* comporta o intercâmbio contínuo de informações de um para com o outro em um contato que se desenvolve momento a momento. Aquilo que chega do outro me transforma e eu, transformando-me por minha vez, transformo o outro. É uma dança contínua em que cada um pode introduzir mudanças de figuras, mas seguindo tanto a predisposição do outro quanto a música que nos envolve.

Exatamente por meio desse cocriar não podemos remontar aos golpes ínsitos em uma relação. Por que meu filho se revolta contra a minha autoridade? Por que meu marido não olha mais para mim? Podemos fazer alguma coisa para mudar a situação? Talvez mude se não censurar mais meu filho? Ou se me vestir melhor e até ir à academia, meu marido olhará para mim?

Procurar ajustar o que não é funcional, no sentido de que não funciona e deve ser acertado, arrisca levar-nos a realizar ações que não são fruto de um desejo verdadeiro de contato com o outro, mas de uma reflexão sobre o que é mais justo e é melhor fazer. Como se fosse um remédio, um *precisar fazer* que poderia levar-nos a esforços excessivos e inúteis, à frustração de precisar dizer: "Depois de tudo aquilo que fiz, não mudou nada!".

A atenção, vice-versa, à cocriação faz emergir a intencionalidade do contato, mostra o desejo de um para com o outro, motivo pelo qual, se meu filho se revolta, isto não é disfuncional, mas faz parte de algo que estamos criando juntos para contatar-nos de um modo novo, para chegar um ao outro de maneira diversa de antes. Se meu marido não me olha, não é porque ele *não faz* ou eu *não faço* algo, mas exatamente porque ambos estamos fazendo, criando alguma coisa, uma figura diversa que talvez ainda deva emergir. Estamos cocriando uma relação nova, com significados diversos.

Quando se vive uma crise de casal ou um conflito entre pais e filhos, o que gostaríamos de fazer é apagar a centelha e fazer algo para melhorar a relação. A psicoterapeuta Spagnuolo Lobb sugere ter confiança na intencionalidade do contato, sabendo que, por mais que a relação possa parecer comprometida, dentro de toda inveja, de todo ciúme, de todo desejo de supremacia sobre o outro existe sempre uma necessidade de fazer contato com o outro, de ser visto pelo outro, de ser importante para o outro. "Aprender a experimentar a beleza das relações significa apreciar a dança que os vários parceiros envolvidos engajam para participar com a própria individualidade; significa compreender, em uma ótica de *necessidade de contato*, também as invejas, as tentativas de emergir sobre o outro, como o medo de não ser visto e o desejo de valer algo para o outro" (Spagnuolo Lobb, 2006, p. 225).

Quer dizer, na prática, ser capazes de reconhecer no outro a intenção profunda de contatar-nos, de estar conosco, apesar do que aconteça através dos comportamentos que podem ser a expressão da própria individualidade constituída também de humanas imperfeições.

Quando o outro esbraveja e nos acusa por não apoiá-lo suficientemente, por não ajudá-lo, não só está exprimindo raiva, mas também está nos mostrando seu próprio limite, sua própria incapacidade de fazê-lo sem nós. Reconhecer as deficiências dos outros, e não apenas as próprias, é essencial para crescer não só como casal, mas também individualmente. Dentro de cada desafio que o conflito com o outro nos propõe, está o nosso crescimento pessoal, o nosso tornar-nos pessoas melhores. No encontro/desencontro com o outro, descobrimos nossa capacidade de sermos diversos: "Eu não sou como você, eu teria percebido, eu teria feito, você ao invés...".

Poder falar em termos de "eu" e "você" é um passo adiante que se está dando para a evolução pessoal, o crescimento para um contato no qual você e eu estamos presentes na relação, mas não nos confundimos no "nós" indiferenciado. O confronto que nos propõe, cada dia, a relação é de crescer com e através do outro, mas permanecendo nós mesmos.

Retornando à cena da Capela Sistina, Deus e Adão estão estendidos para um contato pele a pele, mas tanto Deus quanto Adão são perfeitamente distinguíveis, não são um corpo só, mas duas unicidades que estão entrando em contato. Não é um acaso que esse contato aconteça por meio da epiderme dos dedos, superfície mediante a qual o intelecto humano compreende e reapresenta a criação. É pela pele que experimentamos e mudamos o mundo, no sentido de que tocando o ambiente estamos fazendo dele a experiência. A pele é também o nosso limite, o que nos permite diferenciar-nos. Os psicóticos são definidos "sem pele" exatamente pela sua dificuldade, senão impossibilidade, de diferenciar-se e saber quem são.

A pele representa o confim no qual você e eu podemos nos encontrar, sem nos confundir. O momento em que podemos encontrar o diverso de nós e intercambiar com ele o que enriquece a relação representa o ponto em que começamos a crescer.

Convite para as núpcias

"Chegou um convite de casamento, e é de seu primo Salvo. Vai se casar com Valentina,"

"Deixe-me ver. Não acredito... Salvo, aquele maluco descabeçado, vai se casar. Mas como? Ele que se gloriava tanto da sua liberdade!"

É belo ver casais que decidem casar-se e constituir sua família. Receber o convite para um casamento é sempre agradável. "Cláudia e Miguel sentem-se alegres por poder convidá-los para as suas núpcias." Alegres! Estão alegres? Talvez nós, que recebemos o convite, estejamos casados há 15 anos e talvez estejamos vivendo uma crise. Mas alegres por quê? "Vão ver dentro de alguns anos!"

Casar-se, atualmente, é uma escolha difícil, pois significa renunciar à própria "liberdade". Também o confronto com os outros, que se separam e que manifestam os seus sentimentos de rancor para com o parceiro, nos leva a pensar que talvez estejamos para dar um passo do qual nos arrependeremos. Porém, quando estamos enamorados, todos os obstáculos são leves e geralmente sentimos a força do sermos dois e de superar juntos as dificuldades. O estado de graça em que vivemos quando estamos enamorados nos faz dizer frases como: "Vamos nos amar para sempre",

"Nunca deixaremos um ao outro" e "Nunca poderei viver sem você".

São frases dulcíssimas que seria conveniente registrar e voltar a ouvir depois de alguns anos. É provável que, voltando a escutá-las, experimentemos ternura por aquelas frases e talvez também fiquemos pasmos por tê-las podido pensar, dizer ou escutar. Mas por que nos casamos? No momento de crise não nos recordamos mais de nada, duvidamos até mesmo de ter sido verdadeiramente enamorados e nos dizemos que talvez o verdadeiro amor deva ainda acontecer ou que não existe, ou outras coisas do gênero. Voltando ao por que nos casamos, com efeito, querendo pensar, talvez um motivo exista: é uma vida toda que vivemos "com o outro". Desde a concepção vivemos dentro, com e graças a um outro.

A vida sem a relação seria possível? Se fôssemos recém-nascidos ou também muito pequeninos certamente morreríamos. Pensemos no personagem de Tarzan, que permaneceu sozinho na selva: não morreu porque gorilas cuidaram dele. Também imaginar-nos adultos a viver sozinhos, provavelmente em uma ilha deserta, não é fácil para ninguém. No filme *Cast away*, de Robert Zemeckis (2000), o protagonista, único sobrevivente de um acidente aéreo, chega a uma ilha deserta. Vive nela por quatro anos, até que decide fabricar uma jangada e enfrentar o oceano para escapar do seu isolamento. Se ele teria podido continuar a viver na ilha, por que enfrentar o risco de morrer no mar? Por que essa mania de estar em companhia?

Depois, voltando, encontra a noiva casada com um outro homem. Não teria sido melhor permanecer na ilha deserta?

Deve existir um motivo pelo qual Deus deu Adão para Eva e Eva a Adão!

Uma resposta poderia ser o amor. E o que, a não ser o amor, poderia sugerir o canto a seguir?

> *"Coloque-me como um selo sobre o seu coração,*
> *como selo sobre o seu braço,*
> *porque forte como a morte é o amor"* (Ct 8,6).

O amor que experimentamos para com o outro nos convida ao matrimônio, para procurar não somente o vínculo, mas também o amor que temos por nós mesmos e que nos faz dizer que sem ele ou ela não poderemos viver. O amor é um sentimento que nasce no contato com o outro. Descobrimo-lo desde criancinhas, quando éramos dependentes, frágeis e o nosso amor era todo dirigido aos nossos pais, e depois, crescendo, quando aprendemos a gozar qualidades que os outros sabem reconhecer em nós e que também nós aprendemos a apreciar, ou quando descobrimos no outro riquezas que queremos sempre ter ao nosso lado.

Frequentemente acontece de desposarmos exatamente aquele ou aquela que é complementar a nós, que tem algo que a nós falta. Junto com ele ou ela nos sentimos "íntegros", no sentido de "completos". E muitas vezes acontece que aquelas mesmas qualidades, com o tempo, se transformem em defeitos.

Se nós, por exemplo, somos atraídos por um parceiro que, diferentemente de nós, não é tímido, mas se mostra com desembaraço, pode acontecer que depois de anos de convivência aquilo que considerávamos um valor, o desembaraço, o consideremos um defeito e poderemos repreender o parceiro porque ele é muito cara de pau e arrogante. O conflito interpessoal frequentemente nasce do conflito intrapessoal, isto é, daquelas partes de nós que não conhecíamos ou que obstinadamente escondíamos. Talvez, se conhecêssemos a parte de nós que é desembaraçada, mas também arrogante, e permitíssemos que ela se mostrasse de vez em quando, fôssemos capazes de maior disponibilidade tanto para com nós mesmos quanto nos confrontos com o parceiro.

Se apreciamos a ordem e a limpeza e não toleramos deixar nem mesmo uma taça suja dentro da pia, isso poderia significar que não nutrimos compreensão nem nos confrontos com aquela parte de nós que é desorganizada, nem para com o parceiro que se obstina em deixar a cozinha suja não obstante as nossas contínuas "censuras". Se fôssemos um pouco mais indulgentes conosco, permitindo-nos não nos sentir "incapazes" se não temos tudo correto e perdoássemos as nossas fraquezas, talvez fôssemos mais capazes de compreensão para com o outro.

O conflito com o outro parece abrir as portas para o conflito com nós mesmos e com partes de nós que não conhecemos. O crescimento passa, portanto, também através do confronto com o outro que nos remete às partes de nós que não são integradas. A vida com o outro é uma possibilidade de crescimento infinito, um remeter contínuo a nós mesmos e às nossas potencialidades. A nossa riqueza é descoberta na relação, para que só por meio do outro aprendamos a conhecer tanto os nossos valores quanto os nossos defeitos e, tornando-nos "nós mesmos", aprendamos a ser verdadeiramente livres. A liberdade é a condição que vivemos quando não temos vínculos, quando podemos estar enraivecidos sem ter medo de que o outro se ofenda, quando nos concedemos fazer uma estupidez qualquer sem temor de que o outro nos critique, conscientes do fato de que somos pessoas íntegras mesmo que o outro nos ofenda, nos acuse, nos maltrate. Para chegar a este estado de liberdade, devemos estar em condição de saber quem somos e o que queremos.

Quem somos e o que queremos vamos descobrindo aos poucos enquanto crescemos. Quando éramos pequeninos e tínhamos uma sensação que não conhecíamos, que nos sacudia, a mamãe nos tomava nos braços e nos colocava no seio, dizendo-nos: "Você tem fome, verdade, meu pequenino?". O leite e o calor da mamãe nos davam alívio e nós descobríamos o significado daquela sensação que provávamos e que mamãe chama de "fome". Depois chorávamos mais, no entanto dessa vez o leite não nos consolava e continuávamos a nos sentir mal. Então mamãe procurava trocar-nos as fraldas, a fazer-nos o rotineiro, a balançar-nos até que descobria o que nos dava alívio e assim aprendemos um outro significado. Alguém reconhece as nossas necessidades e nós aprendemos. Quando chegamos às condições de reconhecer sozinhos as nossas necessidades, quando somos capazes de distinguir as sensações que se agitam dentro de nós, estamos crescidos, ou então nos tornamos autônomos.

A autonomia se conquista só depois de termos sido dependentes, depois que alguém nos sustentou, acudiu, olhou, falou, tocou, mas também se afastou, assim como fazem as mamães leopardo depois de ter alimentado os filhotes. Depois de ter-lhes ensinado a caçar e a sobreviver sozinhos, elas expulsam os filhos a fim de que a vida possa perpetuar-se. Os pequenos ficam desorientados pela atitude da mãe, querem ficar com ela, mas ela os agride a tal ponto que no fim não podem fazer outra coisa senão ir embora e procurar territórios para si. Do mesmo modo que os leopardos, nós, seres humanos, temos necessidade tanto de cuidados quanto de alimento para a autonomia, mesmo que isso possa implicar "trair" nossos filhos.

Quando ensinamos os nossos filhinhos a caminhar, amparamo-los dirigindo-os com empenho. Pouco a pouco os convidamos a seguir em frente sozinhos e fazemos com que sintam o nosso apoio enquanto não os percebemos prontos para essa caminhada solitária. Nesse ponto os traimos, no sentido de que os largamos, deixamo-los afastando deles as nossas mãos. As crianças dão ainda algum passo e depois, talvez, caiam, mas se descobriram que podem dar um primeiro passo sozinhos, bastar-lhes-á um pequeno encorajamento para colocarem-se de pé e recomeçar. Quando se tornarem maiores, para os pais haverá uma tarefa mais árdua: permitir aos próprios filhos sair do ninho familiar, dar-lhes os instrumentos para crescer, mas também apoiá-los para realizarem-se a si mesmos, ainda que às vezes o percurso escolhido pelos filhos seja diferente daquele que esperávamos ou imaginávamos para eles.

A diversidade entre nós e os nossos filhos gera conflitos, mas é também a competência para enfrentar os conflitos que devemos fornecer aos nossos filhos. Se, quando discutimos com o nosso marido ou esposa, nos encerramos nos nossos quartos e deixamos que os filhos intuam o que está acontecendo, talvez estejamos jogando fora a oportunidade de ensinar-lhes a viver com o conflito e não obstante o conflito.

Ver na crise uma possibilidade de crescimento significa enfrentar o conflito mais que evitá-lo. Quando isso acontece, devemos senti-lo como uma possibilidade de mudança, porque só por meio dele seremos capazes de amadurecer e de tornar-nos pessoas únicas. Essa unicidade, reconhecendo-a nós mesmos, podemos levá-la como dom ao outro que amamos e que é, por sua vez, estupendamente único.

Amem-se mutuamente, mas o seu amor não seja uma prisão: deixem acima de tudo um mar repleto de ondas entre as duas margens das suas almas. Encham a sua taça um com o outro, mas não bebam de um só gole. Compartilhem mutuamente o seu pão, mas não comam do mesmo pão. Cantem juntos e dancem e alegrem-se, mas que cada um esteja sozinho. Como as cordas de uma harpa, que são sozinhas, mas vibram para a mesma música (Gibran, 2003, p. 49).

"Alexandra, mas você ainda se casaria comigo?"

Mário permanece com o hálito suspenso a aguardar a resposta.

"Certamente me casaria. Poderia certamente viver sem você, mas é com você que estou aprendendo a viver."

ANEXOS

BIBLIOGRAFIA

ANDOLFI, M. *La terapia con la famiglia.* Roma: Astrolabio, 1977.

ANDOLFI, M.; D'ELIA, A. (ed.). *Le perdite e le risorse della famiglia.* Milão: Raffaello Cortina, 2007.

ANDREOLI, V. *Lettera alla tua famiglia.* Milão: Rizzoli, 2006.

ATTALI, J.; BONVICINI, S. *Amori. Storia del rapporto uomo-donna.* Roma: Fazi, 2008.

BARICCO, A. *I barbari. Saggio sulla mutazione.* Milão: Feltrinelli, 2008.

CERRITO, L. *La legenda di Fra Bislacco.* Cinisello Balsamo: Edizioni San Paolo, 2000.

CAVALERI, P. A. *La coppia che si transforma*, in Romano, R. G. (ed.). *Ciclo di vita e dinamiche educative.* Milão: Franco Angeli, 2006, pp. 189-208.

________. *Vivere con l'altro.* Roma: Città Nuova, 2007.

________. *Il dramma del coniuge abbandonato e solo*, in Trentacoste, N. (ed.). *Quando la coscienza è addormentata.* Assis: Cittadella, 2008, pp. 267-281.

CERUTI, M. *Il vincolo e la possibilità.* Milão: Feltrinelli, 1992.

CONTE, V. *Dall'appartenenza all'individuazione: come restare coppia*, in "Quaderni di Gestalt", 26/29 (1998/1999), p. 134.

DI GIORGI, P. *La crisi del ruolo dei genitori.* Roma: Kappa, 1996.

EDWARD, J.; LYNCH, B. *La creatività nella terapia della famiglia*, in Spagnuolo Lobb, M.; Amendt Lyon, N. (ed.). *Il permesso di creare, l'arte della psicoterapia della Gestalt.* Milão: Franco Angeli, 2007, pp. 310-321.

FABBRINI, A. *Domanda per l'altro e domanda per sé*, in "Quaderni di Gestalt", 4 (1987), p. 105-119.

GALIMBERTI, U. *Il corpo*. Milão: Feltrinelli, 2003.

GIBRAN, K. *Il profeta*. Turim: San Paolo, 2003.

GRAY, J. *Gli uomini vengono da Marte, le donne da Venere. Imparare a parlarsi per continuare ad amarsi*. Milão: Sonzogno, 2004.

IACULO, G. *Le identità gay*. Roma: Fabio Croce, 2002.

LAMPERT, R. *Terapia della Gestalt e terapia della famiglia: un buon matrimonio*, in "Quaderni di Gestalt", 4 (1987), p. 59-73.

OLIVERIO FERRARIS, A. *Il terzo genitore. Vivere con i figli dell'altro*. Milão: Cortina, 1997.

PEASE, A. e B. *Perché le donne non sanno leggere le cartine e gli uomini non si fermano mai a chiedere?* Milão: Sonzogno, 2007.

PERLS, F.; HEFFERLINE, R. F.; Goodman, P. *Teoria e pratica della terapia della Gestalt*. Roma: Astrolabio, 1997.

MESHBERGER, F. L. *An interpretation of Michelangelo's Creation of Adam based on neuroanatomy*, in "JAMA (Journal of American Medical Association)", 264, 1837-1841, Anderson 1990.

SALONIA, G. *L'innamoramento come terapia e la terapia come innamoramento*, in "Quaderni di Gestalt", 4 (1987), p. 74-99.

________. *Coppie di fatto: ricerca di libertà?*, in AA. VV., *Paura di amare nei contesti più problematici: riflessioni, ricerca, prospettive*. Assis: Cittadella, 2002, p. 89-101.

________. *Respiro il corpo che parla di me*, in "Mappe e carteggi", 4 (2000).

SATIR, V. *Psicoterapia del nucleo familiare*. Roma: Armando, 1973.

SMELSER, N. J. *Manuale di sociologia*. Il Mulino, Bologna, 2007.

SPAGNUOLO LOBB, M. *Diventare genitori nella società post-moderna*, in Romano, R. G. (ed.). *Ciclo di vita e dinamiche educative*. Milão: Franco Angeli, 2006, p. 211-226.

________. *Essere al confine di contato con l'altro: la sfida di ogni coppia*, in "Terapia Familiare", 86 (2008), p. 55-73.

VON GLASERSFELD, E. *Il complesso di semplicità*, in Bocchi, G., Ceruti, M. (ed.). *La sfida della complessità*. Milão: Feltrinelli, 1987, p. 109.

SITES

Andreoli, V. (entrevista de 14 de janeiro de 1998), *La paura [O medo]*, in Enciclopedia multimediale delle scienze filosofiche, www.raieducational.it, 9 de abril de 2009.

Censis, *XXXVII Rapporto annuale sulla situazione sociale del paese*, in http://www.censis.it/277/280/339/3826/cover.asp, 18 de abril de 2009.

Censis, *42º Rapporto annuale sulla situazione sociale del paese* (5 de dezembro de 2008), in http://www.censis.it/277/280/339/6663/cover.asp, 20 de abril de 2009.

Fiori, S., Cavigli, G. (ed.), *Intervista a Salvador Minuchin "La famiglia che non c'è"*, in http://www.nolimit.it/spaziolibero/?az=vwart&IdArticolo=21&IdUscita=5, 17 de setembro de 2009.

Mangano, G., De Bernardis, E., Scapagnini, G. *Il Dio-Cervello di Michelangelo*, in http://www.debernardis.it/diocervello.htm, 17 de abril de 2009.

http://www.istat.it

http://www.rivistadiserviziosociale.it/it/articoli.aspx?a=3

http://www.touchresearch.com